主编　李天纲

中国国家图书馆藏

民国西学要籍汉译文献·经济学（第五辑）

季特经济学纲要

[法] 季特（Charles Gide）著　侯哲葊 译

上海社会科学院出版社
Shanghai Academy of Social Sciences Press

图书在版编目(CIP)数据

季特经济学纲要/（法）季特（Cide,C.）著；侯哲葊译. —上海：上海社会科学院出版社，2016
（民国西学要籍汉译文献/李天纲主编. 经济学）
ISBN 978-7-5520-1198-2

Ⅰ. ①季…　Ⅱ. ①季…②侯…　Ⅲ. ①政治经济学Ⅳ. ①F0

中国版本图书馆CIP数据核字(2016)第046288号

季特经济学纲要

主　　编：李天纲
编　　纂：赵　炬
责任编辑：唐云松
特约编辑：陈宁宁
封面设计：清　风
策　　划：赵　炬
执　　行：取映文化
加工整理：嘎　拉　江　岩　牵　牛　莉　娜
责任校对：笑　然
出版发行：上海社会科学院出版社
上海淮海中路622弄7号　电话63875741　邮编200020
http://www.sassp.org.cn　E-mail:sassp@sass.org.cn
排　　版：上海永正彩色分色制版有限公司
印　　刷：常熟市人民印刷厂
开　　本：650×900毫米　1/16开
字　　数：120千字
印　　张：11.25
版　　次：2016年4月第1版　2016年4月第1次印刷

ISBN 978-7-5520-1198-2/F.391　　定价：58.00元（精装）

民国西学：中国的百年翻译运动

——『民国西学要籍汉译文献』序

李天纲

继唐代翻译印度佛经之后，二十世纪是中文翻译历史上的第二个高潮时期。来自欧美的『西学』，以巨大的规模涌入中国，参与改变了一个民族的思维方式，这在人类文明史上也是罕见的。域外知识大规模地输入本土，与当地文化交换信息，激发思想，乃至产生新的理论，全球范围也仅仅发生过有数的那么几次。除了唐代中原人用汉语翻译印度思想之外，公元九、十世纪阿拉伯人翻译希腊文化，有一场著名的『百年翻译运动』之外，还有欧洲十四、十五世纪从阿拉伯、希腊、希伯来等『东方』民族的典籍中翻译古代文献，汇入欧洲文化，史称『文艺复兴』。中国知识分子在二十世纪大量翻译欧美『西学』，可以和以上的几次翻译运动相比拟，称之为『中国的百年翻译运动』、『中国的文艺复兴』并不过分。

运动似乎是突如其来，其实早有前奏。梁启超（1873–1929）在《清代学术概论》中说：『自明末徐光启、李之藻等广译算学、天文、水利诸书，为欧籍入中国之始。』利玛窦（Mateo Ricci, 1552–1610）、徐光启、李之藻等人发动的明末清初天主教翻译运动，比清末的『西学』早了二百多年。梁启超有所不知的是：利、徐、李等人不但翻译了天文、历算等『科学』著作，还翻译了诸如亚里士多德《论灵魂》（《灵言蠡勺》）、《形而上学》（《名理探》）等神学、哲学著作。梁启超称明末翻译为『西学东渐』之始是对的，但他说其『范围亦限于天（文）、（历）算』，则误导了他的学生们一百年，直到今天。

从明末到清末的『西学』翻译只是开始，而且断断续续，并不连贯成为一场『运动』。各种原因导致了『西学』的挫折：被明清易代的战火打断；受清初『中国礼仪之争』的影响；欧洲在1773年禁止了耶稣会士的传教活动，以及儒家保守主义思潮在清代的兴起。鸦片战争以后很久，再次翻译『西学』，仍然只在上海和江南地区。从翻译规模来看，以上海为中心的翻译人才、出版机构和发行组织都比明末强大了，影响力却仍然有限。梁启超说：『惟（上海江南）制造局中尚译有科学书二三十种，李善兰、华蘅芳、赵仲涵等任笔受。其人皆学有根底，对于所译之书责任心与兴味皆极浓重，故其成绩略可比明之徐、李。』梁启超对清末翻译的规模估计还是不足，但说『戊戌变法』之前的『西学』翻译只在上海、香港、澳门等地零散从事，影响范围并不及于内地，则是事实。

对明末和清末的『西学』做了简短的回顾之后，我们可以有把握地说：二十世纪的中文翻译，或曰中华民国时期的『西学』，才是称得上有规模的『翻译运动』。也正是在二十世纪的一百年中，数以千计的『汉译名著』成为中国知识分子的必读教材。1905年，清朝废除了科举制，新式高等教育以新建『大学堂』的方式举行，而不是原来尝试的利用『书院』系统改造而成。新建的大学、中学，数理化、文史哲、政经法等等学科，都采用了翻译作品，甚至还有西文原版教材，于是，中国读书人的思想中又多了一种新的标杆，即在『四书五经』之外，还必须要参考一下来自欧美的『西方经典』，甚至到了『言必称希腊、罗马』的程度。

我们在这里说『民国西学』，它的规模超过明末、清末；它的影响遍及沿海、内地；它借助二十世纪的新式教育制度，渗透到中国人的知识体系、价值观念和行为方式中，这些结论虽然都还需要论证，但从一般直觉来看，是可以成立的。中国二十世纪的启蒙运动，以及『现代化』、『世俗化』、『理性化』，都与『民国西学』的翻译介绍直接有关。然而，『民国西学』到底是一个多大的规模？它是一个怎样的体系？它们是以什么方式影响了二十世纪的中国思想？这些问题都还没有得到认真研究，我们并没有一个清晰的认识。还有，哪些著作得到了翻译，哪些译者的影响最大？『西学东渐』的代表，明末有徐光启，清末有严复，那『民国西学』的代表作在哪里？这一系列问题我们并不能明确地回答，原因就在我们对民国翻译出版的西学著作并无一个全程的了解，民国翻译的那些哲学、社会科学、人文学科的『西学』著作，束之高阁，已经好多年。

举例来说，1935年，上海生活书店编辑《全国总书目》，『网罗全国新书店、学术机关、文化团体、图书馆、政府机关、研究学会以及个人私家之出版物约二万种』。就是用这二万种新版图书，生活书店编制了一套全新分类，分为：『总类、哲学、社会科学、宗教、自然科学、文艺、语文学、史地、技术知识』。一瞥之下，这个图书分类法比今天的『人大图书分类法』更仔细，因为翻译介绍的思潮、学说、学科、流派更庞大。尽管并没有统一的『社科规划』和『文化战略』，『民国西学』却在『中国的文艺复兴』运动推动下得到了长足发展。查看《全国总书目》（上海，生活书店，1935），在『社会科学·社会科学一般·社会主义』的子目录下，列有『社会主义概论、社会主义史、科学的社会主义、无政府主义、基尔特社会主义、乌托邦社会主义、基督教社会主义、议会派社会主义』等；在『社会科学·政治·政体政制』的子目录下，列有『政治制度概论、政治制度史、宪政、民主制、独裁制、联邦制、各种政制评述、各国政制、中国政制、现代政制、中国政制史』等，翻译、研究和出版，真的是与欧美接榫，与世界同步。1911年以后的38年的『民国西学』为二十世纪中国学术打下了扎实的基础，而我们却长期忽视，不作接续。

编辑出版一套『民国西学要籍汉译文献』，把中华民国在大陆38年期间翻译的社会科学和人文学科著作重新刊印，对于我们估计、认识和研究『中国的百年翻译运动』、『中国的文艺复兴』，接续当时学统，无疑是有着重要的意义。1980年代初，上海、北京的学术界以朱维铮、庞朴先生为代表，编辑『中国文化史丛书』，一个宗旨便是要接续1930年代商务印书馆王云五主编『中国文化史丛书』，重振旗鼓，『整理国故』，先是恢复，然后才谈得上去超越。遗憾的是，最近三十年的『西学』研究却似乎没有采取『接续』民国传统的方法来做，我们急急乎又引进了许多新理论，诸如控制论、信息论、系统论……还有『老三论』、『新三论』、『后现代』、『后殖民』等等新理论，对『民国西学』弃之如敝屣，避之唯恐不及。

民国时期确实没有突出的翻译人物，我们是指像严复那样的学者，单靠『严译八种』的稿酬就能成为商务印书馆大股东，还受邀请担任多间大学的校长，几份报刊的主笔。但是，像王造时（1903–1971）先生那样在『西学』翻译领域做出重要贡献，然后借此『西学』，主编报刊、杂志，在『反独裁』、『争民主』和『抗战救国』等舆论中取得重大影响的人物也不在少数。王造时的翻译作品有黑格尔的《历史哲学》、摩瓦特的《近代欧洲外交史》、《现代欧洲外交史》、拉铁耐的《美国外交政策史》、拉斯基的《国家的理论与实际》、《民主政治在危机中》。1931年，王先生曾担任光华大学教授，文学院长，政治系主任，后来创办了《主张与批评》（1932）、《自由言论》（1933），组织『中国民权保障同盟』（1932）。他在上海舆论界发表宪政、法治、理性的自由主义；他在大学课堂上讲授的则是英国费边社社会主义、工联主义和公有化理论（见王造时著《荒谬集·我们的根本主张》，1935，上海，自由言论社）。非常可惜的是，王造时先生这样复杂、混合而理想主义的政治学理论和实践，在最近三十年的社会科学、人文学科中并无讨论，原因显然是与大家不读，读不到，没有再版其作品有关。

我们说，『民国西学』本来是一个相当完备的知识体系，在经历了一个巨大的『断裂』之后，学者并没有好好地反省一下，哪些可以继承和发展，哪些应该批判和扬弃。民国时期好多重要的翻译著作，我们都没有再去翻看，认真比较，仔细理解。『改革、开放』以后，又一次『西学东渐』，大家只是急着去寻找更加新颖的『西学』，用新的取代旧的，从尼采、弗洛伊德……到福柯、德里达……就如同东北谚语讽刺的那样：『熊瞎子掰包谷，掰一个丢一个。』中国学者在『西学』武库中寻找更新式的装备，在层出不穷的『西学』面前特别害怕落伍。这种心态里有一个幻觉：更新的理论，意味着更确定的真理，因而也能更有效地在中国使用，或者借用，来解决中国的问题。这种实用主义的『西学观』，其实是一种懒惰、被动和浮躁的短视见解，不能积累起一个稍微深厚一点的现代文化。

讨论二十世纪的『西学』，一般是以五四『新青年』来代表，这其实相当偏颇。胡适、陈独秀等人固然在介绍和推广『西学』，倡导『启蒙』时居功至伟，但是『新文化运动』造成不断求新的风气，也使得这一派的『西学』浅尝辄止，比较肤浅，有些做法甚至不能代表『民国西学』。胡适先生回忆他们举办的《新青年》杂志，有一个宗旨是要『输入学理』，即翻译介绍欧洲的社会科学、人文学科知识，他还大致理了一个系统，说『我们的《新青年》杂志，便曾经发行过一期「易卜生专号」，专门介绍这位挪威大戏剧家易卜生，在这期上我写了首篇专论叫《易卜生主义》。《新青年》也曾出过一期「马克思专号」。另一个《新教育月刊》也曾出过一期「杜威专号」。至于对无政府主义、社会主义、共产主义、日耳曼意识形态、盎格鲁·萨克逊思想体系和法兰西哲学等等的输入，也就习以为常了。』（唐德刚编译：《胡适口述自传》，北京，华文出版社，1992年，第191页）。胡适晚年清理的这个翻译目录，就是那一代青年不断寻找『真理』的轨迹。三四十年间，他们从一般的人性论学说，到无政府主义、社会主义、马克思主义；从不列颠宪政学说，到法兰西暴力革命理论、德意志国家主义思想，再到英格兰自由主义主张，大致就是『输入学理』运动中的全部『西学』。

胡适一语道破地说：『这些新观念、新理论之输入，基本上为的是帮助解决我们今日所面临的实际问题。』胡适并不认为这种『活学活用』、『急用先学』的做法有什么不妥。相反，二十世纪中国知识分子接受『西学』的方法论，大多认为翻译为了『救国』，如同进口最新版本的克虏伯大炮能打胜仗，这就是『天经地义』。今天看来，这其实是一种庸俗意义的『实用主义』，是生吞活剥，不加消化，头痛医头，脚痛医脚的简单思维，或曰：是『夺他人之酒杯，浇自己之块垒』。从我们收集整理『民国西学要籍汉译文献』的情况来看，『民国西学』是一个比北大『启蒙西学』更加完整的知识体系。换句话说，我们认为『五四运动』及其启蒙大众的『西学』并不能够代表二十世纪中国西学翻译运动的全部面貌，在北大的『启蒙西学』之外，还有上海出版界翻译介绍的『民国西学』。或许我们应该把『启蒙西学』纳入『民国西学』体系，『中国的百年翻译运动』才能得到更好的理解。

我们认为：中国二十世纪的西学翻译运动，为汉语世界增加了巨量的知识内容，引进了不同的思维方式，激发了更大的想象空间，这种跨文化交流引起的触动作用才是最为重要的。二十世纪的中国文化变得不古不今，不中不西，并非简单的外来『冲击』所致，而是由形形色色的不同因素综合而成。外来思想中包含的进步观点、立场、方案、主张、主义……具有普世主义的参考价值，但都要在理解、消化、吸收后才能成为汉语语境的一部分，才会有更好的发挥。在这一方面，明末徐光启有一个口号可以参考，那便是『欲求超胜，必须会通；会通之前，必先翻译』。反过来说，『翻译』的目的，是为了中西文化之间的融会贯通，而非搬用；『会通』的目的，不是为了把新旧思想调和成良莠不分，而是一种创新——『超胜』出一种属于全人类的新文明。二十世纪的『民国西学』，是人类新文明的一个环节，值得我们捡起来，重头到底地细细阅读，好好思考。上海社会科学院出版社邀我主编『民国西学要籍汉译文献』，献弁言于此，是为序。

2016年3月20日，于阳光新景寓所

[法] 季特（Charles Gide）著
侯哲葊 譯

季特經濟學綱要

中華民國二十年十月第一版

目錄

季特經濟學綱要

Charles Gide 著

侯哲葊 譯

第一章　慾望與工作

這本小册子，正如其名稱所示，不過是敍述一些政治經濟學的要旨而已。有些人或者會以爲經濟學的要旨比較其他科學，都容易求究；因爲經濟的事實，與我們的關係最密切，織成了我們日常生活的密網。

可是情形却不是這樣的。經濟的事實，在其發展的過程中，變成特別紛亂，以致我們現時很難找出這束絲的盡頭。有了這個頭緒，一束亂絲也就可以淸理起來，我們現在可採用的最好的方法，是回復到這些經濟觀念最早的起源上去。

因爲要解釋政治經濟學的事實通常都是從魯濱孫漂流記的故事開始。雖然有些經濟學家和其他的人耻笑這個方法，但是因爲要發現某種原因所有的特別結果，這個方法也不能輕視。這是一種代替直接經驗的方法。經驗法雖然在自然科學中得了很好的成績，可是不適用于社會科學的。因此我們不妨用一種想像的實驗法以代替實際的實驗法。我們假設有一個人，自置于一個荒島上，我們試看看他將要怎樣的行動。

可是倘若我們的研究要回返到經濟現象的起源的話，魯濱孫的荒島也不能告訴我們很多的事情。因爲魯濱孫就不是一個原始的人。他帶了他以前得到的智識，他的眞正智慧的財富，到他的島上去了。并且他還帶了一些物質的財富。這些東西，當船破沈沒的時候，曾經把他救了出來。

或者我們從嬰孩可以學到更多的事情。兒童心理學對于某幾種經濟現象的闡明，實在極有幫助。我們沒有從這個觀點上去研究，或者是一個錯誤。可是嬰孩自己所處的情況，也是和魯濱孫所處的一樣的非天然的。他不過是在相反的方面的非天然的而已；因爲嬰孩可以說是一個寄生者。自然他是很可愛的，但是事實上却仍然是一個寄生者。他拿去各種東西，然而却毫無報償，除掉他的一些微笑和親吻而已。這些東西，就經濟上說來，是不够的。

我們現在冉在旁的方面看看：就譬如說動物吧。在動物之中，我們可以發現經濟現象最初粗形，甚至于我們可以發現一些支配人類的經濟法則；因爲政治經濟學在生物學中有牠的基礎，這是自然史中的一章，講人類的一章。

第一節　慾望

凡是動物有慾望或需要而慾望是一切政治經濟的起點。動物的慾望不很多，共不過兩種：一種是食的需要，這個在他們的生活中佔最大部份，以致于可以說是他們的唯一需要；還有是住的需要，這也是不可忘記的。基督自己說過：「狐狸有洞，天空中的鳥也有巢。」實在世界上沒有無家的動物。這個「家」也許是很卑陋的，可是足夠他的需要了。

在這一點，我們人類實在沒有可以自誇的理由；因爲這種同樣的慾望，也佔人類生活的主要部份。我們只要一查工人家庭的預算，便可以發現食料佔總支出之三分之二，——從百分之六十至六十五，由家庭境況之良否而不同。地租直到最近爲止，常佔總數之百分之十五或百分之十六。這個比例現在更大了。食住共計約佔勞動階級支出之百分之八十甚至于九十。這樣一來，所剩下來的可以供給人類在動物平面以上的慾望的，也就無幾了。

衣的需要，在動物中自然是不存在的。「自然」已供給他們了，而且供給得如此的豪奢，以致于我們人類——尤其是婦女——常常把動物界的衣服剝下來，做我們自己的衣服。我們還用她們的革，她們的毛，她們的皮，她們的羽以及她們老了的牙齒，——這就是所謂象牙總之，她們活着的時候所着的一切。

可是我們若是逼近的觀察，在有些動物中，也似乎有審美的慾望存在；因爲有幾種動物，對于光輝的物件很喜歡的。例如在亞洲，有一種鷓鴣他把他們可以找到的玻璃珠，掛在巢周圍的樹上，以裝飾他們的「家庭。」這種裝飾的慾望，我們以爲在進化過程的極端才出現的，而不知人類的歷史上，在發生食的住的慾望以後，發生衣的慾望以前便早已存在了。野蠻人在想到衣的需要以前，就涉到裝飾了。甚至于我們可以說，他們是因爲要「美觀，」所以才穿衣服的。

這些都是動物的慾望，是很有限的。然而却夠充實他們的生活了。我們應當牽涉到道德上，說人類也應當減少他們的慾望至最低限度嗎?這是一個遠在這本小册子的範圍以外的討論的題目。我們現在應知的，便是不要犯了一種錯誤的觀念。自然，「簡單的生活」不僅是一種道德的理想，而且是尤其在現在的時代，一種不能避免的經濟的義務。但是我們决不要誤會，以爲這就是主張限制我們的慾望僅及于食住，而回到動物的生活去。簡單的生活，絕不是把我們的全部生活都用在桌上或住屋的事務上去的意思。反過來，却是把這些動物的慾望——尤其是第一種——減到最低的限度，而代以較高尚的慾望，代以理智的道德的慾望。這些慾望既不要大費用，也不要大奢侈物，然而却可以很滿足的充實我們的人生。簡單的生活并不是遏制奢華，不過是以精神的奢華代替物質的奢侈而已。這個在動物界的經濟上，却沒有相似的部份。

第二節　工作

現在讓我們來看看動物怎樣滿足他們的慾望？是用工作的方法嗎？這是不盡然的，例如食草的動物就不是如此，因爲食草很難說是一種工作，但是靠種子，果子以及草木之根而生活的動物，要四處覓食，這却可以算是工作，食肉的動物，無論怎樣都是工作，他們的工作才合于工作這兩個字的眞正意義，他們消耗全部生活于漁獵，漁和獵自然是工作，而且是需要很大的體力的工作，千萬年以來，人類的工作都限于拾果，打獵，捕魚三種。

從食的需要過渡到住的需要，在動物之中這種新需要不僅要工作，而且要很驚奇的各種不同的純熟的工藝，在這一小點上，鳥類就要比哺乳動物高明多了，我們知道他們造巢的技術和專熟以及這些巢各式不同了，有些鳥類，如黃鶯，甚至于會縫葉爲巢呢。

但是其工藝的樣式最爲複雜驚人的，却還是奇異的昆蟲界。有些是拙者，如土龍；有些是在木頭或地面上或石頭上的工作者，有些是墳穴的開掘者，像墳穴甲蟲一樣，還有一種蜜蜂把花片蓋在他的巢上。動物的工藝和人類的工藝實在很難分別，除了某一種動物各作一種工藝，而人類則連合各種起來以外。

此外，在動物工作和人類工作之間，還有一個異點。這個異點的性質是如此的重要，因此我們應當問問自己前者的工作是否可以完全叫作「工作」。人類的工作的特點是效力苦痛，煩勞。「用你的前額的血汗去勞動。」動物可以說是用「前額」的血汗去勞動嗎？不僅在言詞的意義上，這句話是錯了的，而且在實際的意義上也是如此。動物的活動，沒有像人類一樣的一種勞作的性質，而似乎是一種自然的功用。很顯然地，鳥雀造巢的原因正是和他啼叫的原因一樣，蜜蜂釀蜜和他作嚶嚶之聲也是因爲同一的原因。我們不能想像他們每早會說：「我們去作我們的日常工作吧。」工作對于她們就似乎是一種慣習的動作，一種生活的形態。正如創世紀上故事中所說的，人類在沒有失却樂園 *Garden of Eden* 的時候，他們只要樹上摘下果子來便夠了。動物沒有失却樂園，保持了這個「快活」的「工作」的神授的特權。然而亞當的子孫却失掉了這種權利，所以把人類視爲「一種怠惰的動物」也不是完全沒有理由的。

然而人類不遲疑的，說只有動物才是懶惰的呢！這種話，倘若是對家畜說的，到還可以，因爲家畜只有家畜的工作。至於還有一種情形，我們試想想爲了他的主人的遊戲整天的奔馳的獵犬，或者駕了馬具的馬，或是犂田的牛，我們若是還要責他們怠惰，這是如何不公平的事呵！現在很多的雇主，一定是很喜歡有如這些忠實的苦工一樣的勞動者呢！

至于野獸，的確他們的簡單的慾望一經滿足了之後，便休息起來。他們不感覺有從事于附帶的活動的必要。可是這並不就是怠惰的意思，這不過是他們除了必要的以外不再作什麼了。

然則爲什麼工作對于人類不像對于野獸那樣愉快而容易呢？爲什麼牠帶着有一種苦痛的性質呢？幾千幾百年以來人類曾在其下呼號的奴隸勞動和農奴勞動，乃至于近代以來的賃銀勞動者的勞動，這兩種情形便很夠解釋這個事實了。

可是在自由勞動的情形之下，也是如此的，這便使問題變複雜了。奴隸制度就可以證明發明奴隸制度的古人，他們自己都是自由民，而且這一定是因爲他們反對自由勞動，他們就想出叫別人替他們勞動的計謀。他們都是想自己免除苦役，正和五十年前當法國徵兵最煩重的時候，法國的富人用錢請人代替他們服兵務的情形一樣。

人們常常自己問自己工作是否可以變成一種尋常的愉樂的活動形式呢法國詩人 *Sully-Prudkomme* 寫過：

如果我是上帝，
美味的果子長熟了，而沒有硬皮；
工作不過是一種遊戲；
人們不過是覺着使一使氣力，
如果我是上帝。

現在，假若我是上帝，那末，我在賜予詩人所願之前，我一定要思索兩遍，倘若我能夠把工作變成遊戲，或者更能夠把她變成像動物一樣的僅僅為一種自然的功用的時候，我也決不能斷定我對于人類是已經作了一件妙事情了。

我們不要忘記了這個附在工作上的苦痛和強迫的因素，就是文化自身的源泉。這是世界上的法則。因為人類不歡喜工作，所以把促使人類想出很多可能的方法來減輕這種工作的苦痛，這些方法就是應用自然法發明機械；合作，分工。〔這個名為最小勞力的法則或者用比較高深的語句來說為快樂主義的原則 *The Hedonistic Principle*這是政治經濟學的基礎〕有人說人類以極大的工作來避免工作，恰和有人說人類以戰爭消滅將來的戰爭一樣，這是一個很好的說法。可是這兩件事同是一樣的沒有結果，人類費盡無窮之力去求減輕他的工作，這似乎是一種愚人的遊戲。但是自然促人類去做的這種愚人的遊戲，着實可歌頌的事。因為人類專想達到他們的目的，而目的永遠在他們的前面，除非工作會變成蜂鳴鳥語一樣的沒有長進。如同我們所敬愛的社會主義在福利爾所理想的「侻意的工作」的實現。

因此我們不必引為憾事，以為工作對于人類是一件事，對于動物又是另一件事而工作已不是一種簡單的自然的功用了。同時我們也不要想把她變成一種遊戲，因為這樣便不是生產的了。我們不如同情地遵循着牠的長久的辛苦的發展而觀察在每一次增進中牠怎樣地漸趨于高貴。在最初除了鞭笞以外，工作還不知道其他的刺激力。隨後這種強迫的形式漸漸軟化下來，而成為日常麵包的需要，然而却還是一種強迫。再次就是自利的動機，要求勞動生產品的享受部份不斷的增加。最後直到勞動成為高貴的社會服務的時候，于是除了公共利益及共同義務以外，便沒有其他的動力了。

這種勞動的發展成爲社會服務的情形，在有幾種動物中，似乎就已達到了。蜜蜂的工作毫無疑義的不是爲自己，而是爲了蜂房，而且這個事實他們自己也是自覺到的。

第三節　資本

上面是勞動的起源。可是此處還有一個概念——財產與所有權——這個概念，在動物早已就有了的。財產這兩個字，用在這個地方，似乎太不相稱了。因爲在許多年代的發展過程中，這個名詞的意義已累積滿了。我們還是簡單稱「私有」吧——那就是說，一種生物在他的周圍看見了一些可以滿足他的需要的東西，這些東西引起了他的慾望，他于是就想把牠據有己有起來，成爲他自己的私有，所謂「私有」就是指這樣的一種作爲。

現在要據有一件物品——私有一件物品——第一步便是去吸收牠去消費牠，這個我們只要看看小孩子便可以知道的。當他得到一點東西的時候，他用他的小拳緊握着，若是有人要搶去，他便呼號或者哭泣起來，他們就有在最高程度的私有的本能了，而表示這種本能的方法，便把那個物放在口裏，想一口吞沒牠。因爲除掉吸收牠，把牠放在一個人本身的內部以外，實在沒有再好的私有的方法了。動物也是這樣做法，他們也知道即時消費的私有方法。

博物學家 *Ernest Thompson Seton* 氏在一九〇七年十二月的世紀雜誌上，關于動物習慣的文章，曾發表下述的意思：

有一次我在威士康辛馬總孫的城市公園內丟花生給松鼠玩，歷一小時之久，當花生丟下去的時候，自然不是某一隻松鼠的私有，在近邊的松鼠跑過來爭奪時，第一隻把花生安穩地放在嘴邊的，便是那個花生的所有者，在幾秒鎗的實際所有以後，他的所有權更不成問題了。

這裏所講的，不過是消費方式的私有。但是還有更進一步的，動物可以不立刻就消費一件物品而把他放在一邊，有些動物，尤其是松鼠和犬就是這樣做。正在這個時候，一件物品不能立時消費，于是眞正的所有就開始了，因爲這個物品和所有者分開了，他是可以多少地離開他的。再看 Seton 氏所記的；「當飢餓的時候，牠〔松鼠〕便立刻吃了。不然，他第一動作，便是把牠在他的嘴上舐了三四次，用他自己的嗅覺作一個標記，然後再把牠藏起來，以爲將來之用。」

爲什麼松鼠要把花生在他的嘴上轉動呢？其原因也正是和小孩拿了東西往口裏送一樣的——就是想吞沒牠哩。但是松鼠比小孩聰明，他知道不把花生裂開是吞不了的，所以他把花生放在口裏，使牠沾染着他自己的氣味，這樣，他便把花生藏在一個他以後可以再發現的地方，對于別人和自己就都容易識別了。他用一種表示所有的行動，設定了他對于這件物品的所有權的標識——這個羅馬法家叫 *Mancipation* 「交付」。

當「所有」取了儲蓄或者儲藏的形式，而不是實際的消費的時候，私有便是這樣地發生了。

可是財產在動物間，也有另外一種與人事相像的形式出現，那就是盜竊，動物之間時常發生互相搶刼的情事，比如魚鷹偷取別人捉了的魚，這樣就是形成一種寄生的生涯，昆蟲界的水蜂也是如此的。盜竊是所有權的一種感覺。誰都知道普魯東的名言：「財產卽盜竊。」自然這是有爭辯的，可是把這話倒轉來說「贓物是財產，」這却千眞萬確。沒有財產的所有者就不會有盜竊這無論如何是很明顯的。動物也完全承認他們所偸的東西，是旁人的財產呢。

他們不僅在消費物上，承認個人的私有，在他們的住居方面，也是承認的。蜜蜂保護他們的蜂房；鳥雀保護他們的窠巢；狗子保護他的狗舍，至于他的主人的財產，更不用說了。

動物除私有觀念外，也有一個公共財產的觀念。據一個很著名的故事說，有一羣君士但丁的狗被土耳其的少年放逐到一個島上去，〔實在這是土耳其的少年所做的卑劣的事體中之一件〕要他們餓死。這些狗便分區而居，在這一個區域的狗不許到另一個區域裏去，若是去了的話，則那一區域的狗的全部，都趕來咬他，一直到他們的界限為止，過了這個地界，他們便不趕了。他們都認這個界限為他們權限的限度，雖然這個限度是不可見的。

在我們人類之中，財產，通常都是資本的形式。但資本這種觀念在動物中也存在麽？這個問題的答案既是「是」也是「否」。倘若我們只限于資本的最簡單的形式，例如把食品收藏起來作將來消費之用，那末答案就是「是」。松鼠有藏花生的地方，他們甚至會根據于我們的家長的資本家所採用的原則，「不要把他們所有的蛋，都放在一個籃子裏，」不要把他們的所有的資本都投資在一個企業上。松鼠有幾處收藏東西的地方，若是一個破壞了，他還有其餘的。這樣我們就知道他們已經有了可驚的顯明的遠慮的表現。

我們是否還要說一說蜜蜂和他們集聚藏在蜂房裏的蜜，或者螞蟻的穀倉呢？前面我們說過動物是懶的，可是所羅門的意思却不是如此，他曾說過：懶東西到螞蟻那裏去吧；看看他們的方法，放聰明些！

可是我們須知道資本的特殊主要點，還是在那些儲蓄了的財富，預備着生產新財富用的這一點上。

我們再回到魯濱孫的故事來。魯濱孫之所以要爲將來而儲藏食料，正和松鼠蜜蜂螞蟻一樣，不僅是因爲冬季消費牠，在下雨的天保存牠，而且主要的，還因爲要使在得暇的時候從事于製造工具，——就比如說，造船吧。當他造船的時候，他不能出去打獵，所以如果預先他沒有藏了食料，他就每天非出去覓食不可。因此，船也就造不成了，這就是爲什麼他的貯蓄實際上是資本的原因——一種工具或者生產的手段。

然而在動物界，就似乎不是這樣了。松鼠蜜蜂，甚至于螞蟻藏的食品，都不過是貯藏的財富，完全準備作爲消費之用而已。

于是資本又有另外一種意義了。就是政治經濟學中所謂的固定資本，這個與我們剛才所講的流動資本不同，固定資本即是指器具，工具，以及各種機器。這些東西動物界也有的哩？通常都說是他們所沒有的，所以有人說人是工具的製造者。

的確，動物不曾作過工具。或者這也是因爲和他們爲什麼不穿衣一樣的原故，就是他們不需要這個。自然賦予他們的武器，就很夠他們所專作特殊工藝的用了，——獵取的武器，鳥雀哺乳動物如此，無量數的昆蟲亦然，至于建築業，若是自然賦與哺乳動物的，只是可以掘土的爪，賦與鳥類的。只是還不大適宜的嘴的話，那末在另一方面，自然賦與昆蟲的，却是些最複雜的工具呢。甚至于超過人類爲了自己而製造的工具。在這個可驚恐的昆蟲界中，有鑽子，有鋸子，有注射器，有小錐，還有針，這些東西應用于極多極多的工作。他們還有什麼需要去費心思以發現更好的工具呢？

說動物之中沒有能夠製造工具的，這個仍然是不完全正確的。有許多動物都能夠設些詭計，以捕獲他們的掠奪品。蜘蛛的網既不是衣，又不是住的地方，完全是像漁人或者獵人的羅網一樣的一種陷網而已。此外還有些例子，嘗如蟻獅所掘的洞，就是捕他們所食的昆蟲的陷阱。

所以我們若是要畫一根界綫以分別人和動物，那末，這根界綫決不能在能否製作工具這一點上找到的，因爲在某種程度，動物也知道製造工具的。我們可以在火的發明上去求到這根界綫。

動物始終不會發現如何去發火，這是很奇異的，特別是因爲他們十分愛這個東西的原故，犬和貓常常在客廳的火爐邊，或則爐灶的柵裏咀嚼他的美味，當一列貨車從荒原或者樹林中經過的時候，野獸都喜歡圍繞着火光，使他們害怕同時却又使他們迷戀。然而在家內火邊溫暖他們自己的動物中，以及在那些火焰對于他們引起一種不可知的恐怖的動物中，却都不會有 Prometheus〔即偷火到地球上來的神——譯者〕發現。

普通都說沒有火便沒有煙，我們更可以說，沒有人，便沒有火。倘若我們在非洲某處地方，發現一羣猴子圍着他們自己點燃的火坐着，那末在那一天人類便可以稱他們爲兄弟了。但是直到那時，最初由 *Prometheus* 手中所發出的火焰還是光輝燦爛的照遍全人類，正如東方神中將這火熱的冠盔戴在天神的額上一樣。

在這個地方，就是經濟科學原理的教師告別了。牠們對于政治經濟學，沒有進前的創造力，所以我們不得不把牠丟在一邊。人類從此繁富起來，而動物却永遠還窮窘。

第二章　交換與價值

我們還在本題的起點，因爲嚴格的說起來，政治經濟直到人類聚集而居的時候，才開始發生。

政治經濟學（*Political Economy*）顧名思義，我們就知道不是一種關于孤立個人的科學，而是一種社會科學。本來，「政治經濟學」一語的語源，是由三個希拉語出來，卽由「城市」（*City*）「家庭」（*House*）和「法律」（*Law*）三語結合而成的。希拉時代之所謂城市，便是和「國家」一樣的東西。所以照字面上解釋，這個語句就是「國家的家政管理的法則」（*The*

Law of national housekeeping)

第一節　交換之起源

本來，有兩個人存在便可以發生經濟關係，在魯濱孫漂流記中，當法郎得(*Friday*)任這個荒島上遇着魯濱孫的時候，這個故事成爲更有意義了，因爲這樣就比較接近了實際生活。

這是因爲有了兩個人，便可以發生交易的行爲的原故，——這就是政治經濟學中第一件大事，有些學者甚至于把牠組成這門科學的全部。

一個隔絕的個人，不可以有「交易」存在嗎？因爲由我們的勞動，即是把我們的時間和苦痛與預期的結果相交換，我們不可以因此說，卽是一個孤獨人，他的生產行爲在某種意義下，也是一種交易行爲嗎？在每一處地方都有些記載人類把他們的靈魂賣給魔鬼的傳奇，這種情形，也可以算爲一種交易，你若是願意如此的話。可是這不過是一種「假借辭」而已。因爲我們是在以由外界假借的意像來表現在一個人的靈魂內發生的事體呢。

現在回到經濟的交易，實際上交易在物件已經爲人私有的時候才開始發生，最初的財富，——給這物件以正式的名詞吧——或者僅僅是蜜蜂的蜜，或者是松鼠所積蓄的乾菓，只有在牠離開牠的所有者，因而可以爲他人所有的時候才出現的。而這種財富，立刻又成了沒有牠的人——或爲人或爲動物——的忌羨的對象了。

但是那些渴想佔有這種財富的人，又將怎樣呢？他們可以盜竊的。盜竊是最初的經濟行爲。動物不知道交易，然而據前面所述的，他們却常常偷竊，由這一點便可以證明。這種情形，並不僅在家畜對于其主人爲然，動物相互間以及其對于友朋間的盜竊，都是一樣的。盜竊實在是動物界最常見的，而且在所有的動物中都可以發現的行爲。乃至于極瑣屑的財富，狗子藏在洞裏的骨頭，蜜蜂藏在蜂巢中的蜜，以及一切的東西，都是爲其他的動物所覬覦的。他們只知道一個據爲己有的方法，在一切的方法中最簡單的方法。

在人類，自然也是一般無二的，人類之間盜竊也和在動物界全然一樣的發生，而且遠在交易發生之前，在有所謂「商人」以前，人類社會中早就有海盜強盜存在。即在商人在經濟界出現以後，有些時候，我們也很難分別他們與他們的先人的異點。盜竊是據爲己有的一種形式——或者是一種奪取吧——是動物生而有的本能。然而交易則完全不是一種本能的行爲，反過來却是一種理性化的行動，而不在原始智慧的範圍以內的。這是因爲交易包括一種預先的自願的毀棄或放棄的原故。一個人要想交易，就非自己先放棄他的財產而讓渡與他人不可，這樣就是一種反乎自然的犧牲。一個小孩得到的東西，決不會自願放棄的。你對他說：「給這個我吧，我把別的東西給你。」他是不會聽的。卽令最後他還是失掉了他的東西，可是他一定立刻要再弄回來的。

我們若是回到開首所說的試想想最初的人類生產他自己所有的物件時，他所費的勞動和苦力，我們便可以瞭然為什麼一個人不願意放棄自己的所有了。這就是他自己的肉中之肉，自然，你若是敎他放棄的時候，他的最初本能，一定是拒絕的。

在社會進化的另一頭——不是野蠻人時代而是藝術家——同時我們也可以發現同樣的心理。據說意大利的雕刻師及金工 *Benvenuto Collini* 氏對于他自己費十分的精力所雕刻出來的有脚[illegible]柄杯和劍柄，是非常忌妬的。有一次有一個人買了一個去了，他竟不惜去謀殺那個人，想把那劍柄弄回來。

就是在我們自己，自然也有些東西雖高價而不願出賣。譬如特別愛惜的書籍和器具之類。

我們可以假想地對原始的人說：「你若是放棄那件東西，你就可以得到比那件還好的東西，」可是那個我們與他交換的「更好的東西」不可知的數量本人自然知道他所有的和爲了交換他將要放棄的東西，可是對于他可以得到的東西，却還不知道，于是他就不得不深思熟慮比較和權衡他將要受的犧牲與他可以得到的享受的輕重，這實在是一種苛酷和困難的選擇，其困難正好像一個被擊破了的船上的水手，他抓着一塊船板，人家教他放棄牠，換一根船桅，可是他寧肯一直沈到底，而不願撒手的；這又是在各種以及從高到最低的程度的交易中的選擇，正好像在巴黎和會中當和會教意大利放棄達爾馬斯亞而取得阜姆的時候意大利的可能的選擇。

交易在其最初物物交換的形式，只有在特殊的情形下，才發生的。譬如用作交易的物品，若是能够在沒有這種物品的人的心裏，引起一種完全新的慾望的時候，交易便會發生，野蠻人除了弓矢以外，一無所有，若是給予他一柄槍或者就是像一個音樂箱，一瓶松子酒等很平凡的物品，他會犧牲一切的物品來交換這些奇異的物件的。

此外，還有一個使交易成為可能的情形。就是一個人放棄他的某種物品，那種物品對于他，一定要是不需要的，例如在他有兩個或者三個的時候。我們已經知道嬰孩都不願意交換或者放棄一種物品了，然而小學生就不然，他的幼稚的心靈，因為和同伴常常接觸的原故，漸漸發達起來，他立刻便學會交換郵票了。郵票的交換是過剩品交換的代表的例子。因為除掉作交換的工具以外，一張重複的郵票是沒有價值的。一個野蠻人在他的自己的範圍以內，也會有同樣的情形。倘若他有重複的物品，他就會願意交換的。可是因爲野蠻人很不容易有過剩的物品的原故，這種情形，却不常常發現，因此他又怎樣能够趨于交易呢？

此地我們發一些時候再來討究我們剛提及的一件重要事實，這是政治經濟學內主要原則之一，就是所謂「慾望之限度。」

每個人的慾望都是有限的。一滿足的時候，慾望便不存在了。也許得到一件物品，我們的慾望便滿足了，也許需要一定額的物件，我們的慾望才能滿足。慾望愈簡單愈根本，其滿足愈快。口渴的時候，一杯水就够了。已經不渴了的時候，一百杯水却絲毫沒有效用，麵包也是一樣的情形。

特別是野蠻人因爲慾望簡單，所以其滿足點很容易達到，他們一有了他們所需要的東西，他們便不想再要了。可是後來慾望日益精美化，其性質也漸漸成爲非生理的慾望的，限度就隨着擴張，這些慾望差不多成爲無限制的富于彈性的東西。一個婦人需要珍珠多少花邊幾何才能滿足，這個自然是不能計算的，可是慾望有限這條原則，却仍然眞確。

此外還有在另一種情形之下，交易也容易發生，這個對于原始人類如此，這就是在一種物品的效用不是即時的而需要經過相當的時期才能實現的情形。原始的人類沒有遠大的眼光，一件不能即時有用的物品，在他看來，暫時這是多餘的東西。摩洛哥亞爾吉利亞以及東方的土人常常無値的丟棄他們的穀物，這些穀子是應當留作播種的，不過因爲牠要待到明年才有用，所以今年看來，却沒有什麼用處。甚至于有人說在美洲亞馬孫河兩岸的土人而竟如此的不顧將來。倘若你要買他們自己所睡的吊床的時候，你最好是在早上去，因爲早上隔晚上的時間，在他們看來，就好像二千年之于我們呢！可是你若晚上去，則准碰釘子。

最後我們還得注意另外一個促進交易的情形，這就是一件物品所有者的寬大和博愛的贈與行爲。可是這種情感却不是文明人所特有的，在每一個人類的靈魂裏，一個克因（*Cain*）和一個亞培耳（*Abel*）是常常在一起的，雖然亞培耳常常睡熟了，可是克因却不一定要去殺掉亞培耳。這個就可以解釋爲什麽在經濟的發展中，「贈與」發生在交易之前的原故。換句話說，人們決定把一件物品自由的無報酬的讓與別人，比意定一個價格賣與別人，實在要容易些。

前面已經說過，盜竊發生在交易以前。同樣，我們也可以說贈與也發生在交易以前。這種人性是應當恢復的卽在動物界中或者也是這樣，我以爲我們可以斷定他們在家族關係中，也有贈與的行爲，這是我們應當加以相當的敬仰的。一隻母鷄發現了穀物的時候，他對于其雛雞的慈愛，就可以表現這點。

「贈與」因此給予我們接近交易這個題目一種新式樣。贈與若是雙方相互動作的時候，則直接可以成爲交換。因爲一種相互的贈與和交易是沒有分別的，除了在這種行爲的動機以外，可以說完全一樣，這種相互的的贈與在原始的文化上就很普通。由非洲旅行家的記載上看來，甚至于可以說是一種正式的制度。當這些旅行家到一處土人的部落的時候，酋長根據于一切野蠻民族的厚遇遠客的法律，就送他們一隻牛或幾隻家禽，隨其財產之多寡而有異。他同時希望一種回禮，正和一個國王在五分鐘以後去回拜一個國外的君主一樣，這些黑人的尊長也要求同樣的酬報。所以每一個旅行家的行李中一定要携帶各種物品以作「償付」（*Payment*）或者禮物（*Present*）之用——這兩個名詞中，任何一個都可以的，因爲二者實在沒有什麼分別。

可是這種情形幷不限于非洲的內地，在有些歐洲國家的疏遠部份，沒有旅館，這種相互贈與制度，也是實行的。許多年以前，我〔基特氏自稱——譯者注〕在亞拉剛旅行的時候，我自己就有這種經驗。在一個很小村落裏，沒有客棧，照當地的習慣，遠客是和牧師住居的。牧師供給的住處，幷不想什麼代價，他是爲了上帝的愛的原故。可是第二天早晨起來你若不給他以至少與你所享受的相等的代價，就是這樣走了的話，這却是最不好的行爲了。

在羅馬法上，交易的定義是：贈不贈我，給你你也給我，（*Do ut des, I give that you may give*）這個很可以表現我們剛才所描寫的發展的情形。小學生也常常不自覺的應用這一句成語，當他們對他們的同伴們說：將你所有的給我吧，我就把我所有的給你。

可是說交易發生于盜竊，同時也發生于贈與，這個終究是一種自慰的想法而已。倘若交易的開始爲相互贈與的話，那末交易有時便漸漸退化成爲相互的盜竊了。這是另一問題，以後我們還可以提到的。

第二節　價值

在文化史上，眞正交易的發生，實在是一個很重要的日子。因爲其結果，一切人類所有或私有的東西——我們就叫牠爲財富吧——一切的財富，從此都有了雙重性質。在一方面，他仍然和最初的時候一般無二的是一種享受或滿足慾望的工具，拉丁字 *Bona* 就是「好的物件」的意思，很可以表現這種性質，英文字叫 *Goods* 也很適宜。

可是，除此以外，財富現在又增加了新性質。因爲牠可以成爲獲取的工具了。牠可以使其所有者用交易的方法，取得他所需要的東西——或者是他種財富，或者是他人的勞働，或者是沒有財富的人的服務（Service）。文明愈進步，這第二種功用遂一天一天的駕乎第一種之上了。

現在我們拿原始社會中的財富的主要形式穀物來作例子，一個人把他的穀裝滿了穀倉，他可以把這種財富從剛才所述的二種觀點中之任一觀點來看他可以對自己像聖經（Gospel）中的富豪一樣說：「靈魂，你已經有足以供給許多年用的財貨了，自適其樂吧，吃，喝，或快活；」或者在另一方面，他可以說：「我將利用我的穀子來使別人替我工作。那些沒有穀物的人，當然高興到我這裏來，以他們的勞働與我的穀子交換，他們要爲我工作，他們將要成爲我的奴僕了。」

由此看來，交易對于財富的功用，就是牠能指揮別人的能力了，這種能力的名字——政治經濟學全部中最重要的名字——就叫作「價值」。

價值這個字有時用以稱述財富的二種功用中之第一種。但是這實在是一個經濟上的錯誤，若不是文字上的誤用，經濟學家用牠來表示第一種功用的時候，常常是很留心的用「使用價值」這個名詞的，至于他們說到「交換價值」或者僅僅「價值」的時候，則完全表示財富的第二種功用。在這個地方，二者就有根本的異點。有些財富牠對于牠的所有者有很多效用、可是牠却沒有交換價值，眼鏡對于近視眼，可以說是有最大的效用，但是牠的交換價值却等于零。卽令他可以照他買進來時的價格再把這副鏡子賣出去，這個價格，無論如何是不能抵償他失掉鏡子時候所受的損失的。一個木做的脚，對于斷了足的人，效用是非常大的，可是牠的交換價值怎樣呢？

價值的意義既是這樣的繁雜，所以自亞里多德以來，許多經濟學家都專門探討牠，然而其結果自今還沒有解釋得十分明白的。所以此地我們的意思，并不是解釋這個名詞深奥的意義，我所要註釋的，不過是其普通的日常的意義而已。這樣我們便可以歸結成幾個字，就是「取得的能力」(*The Power of Acquisition*) 這就是說價值由于財富所有者的慾望者少，而于沒有財富的人的需要多。沒有財富的人沒有財富然而他們却需要牠，很想取得牠。于是準備犧牲別的物件而取得牠。倘若我有一件價值很高的物品，這個物品的價值，就是由別人對于牠需要的程度的強弱而決定的。于是我對于別人便有了一種與他們對于那個物品的需要的程度成比例的權力。如果他們要想得到我所有的價值，他們便不得不做我所要他們作的事體。我們試拿一塊糖給狗，教他坐起來哀求，這個狗因爲要取得一塊糖，一定會作出種種詭計來的。價值對于人類也有同樣的作用，價值的構成，就是別人的需要。

由此看來，在經濟的價值內，實在有一個不道德的因子。經濟的價值可以使我們利用他人的需要。因而指揮他人，這是與道德上的價值全然不同的。我們切不可因爲二者的名詞相同，就犯了很大的錯誤。道德上的「價值」有純良的特點，這可以全體人類共同享受是不必要剝奪別人的所有然後自己才能享受的。

第三節　商業

在沒有其他的情形使交易的範圍擴充的時候，物物交易的形式，總是一個不普通的情況。從野蠻人的以物易物轉變到正式的交易制度——商業——此其間經過許多相連的階段，這些將簡述于後。

要使交易成爲普遍，開始就非使財富的所有者，當他的物品被取去時，不表示反抗態度不可。這種態度，只要一到了人類生產物品的目的不是爲收藏起來以滿足自己的需要，而是把牠共分起來的時候，就會自然消滅的。個人爲供給自己的需要而爲供給別人的需要而工作，這樣，我們就叫牠爲一種營業，或者有些時候名之爲職業。假設你帶了一個毫不知世事的小孩到一所麵包店或製鞋店去，他一定會很驚奇的問：「那個人對于這樣多的麵包塊有什麼用處呢？他們只要其中的一點就很够了呵。」因此你就要告訴他，製麵包師或製鞋匠做出這些麵塊或鞋子，并不是他自己用的，而是用牠以交換他們所需要的財富。商業是一種間接的迂曲的滿足人類需要的方法。在原始的人類，他們自己工作以供給自己對于食品衣服的需要，然而在文明的人類，他們却對自己這樣的說：我供給別人的需要，這種需要對于我本身不發生影響，然而這樣一來，我供給我自己的需要的方法，就實在比較我自己直接來供給，有利爲得多。這就是說，像前面說過的，他已採用了一種藝業或着一種職業了。再或者就說，是一種事業也可，倘若牠是一種特別良好的營業的話。

這種方法，叫做分工，是政治經濟學內根本原則之一，這就是「最少勞力的原則」的系論。二者都已推廣起來，一直超出于經濟學的範圍以外，形成社會學的基礎。

各種藝業，沒有設立起來，交易是不會推廣得很遠的，必須到了那時，放棄自己的所有才不感受着損失和痛苦。因爲貨物是爲了要出賣才生產的，前面我們已經知道了有些藝家一離開他的作品，他便感覺到一種創傷，像 Benvenuto Cellini 氏甚至于想刺殺他的顧客，以圖取回他已經賣了的作品。然而在製鞋者中，你却決不能找着一個這樣的獃子，當顧客來店買鞋子的時候，他會急得叫起來的，至于鞋子已經賣出了，而製鞋匠會跑去弄回來的，更其是不會有這樣的人了。

藝業是漸漸發生的，他們都是家庭經濟的支流。所謂家庭經濟制度，便是一個人和他的家庭共同生產以滿足他人的慾望所需要的物品的意思。我們不必追溯到有史以前以觀察藝業的起源，我自己〔著者自稱〕就看見過幾種藝業的產生。在我消磨我的童年時代的小鄉村中，我常常看見在我的母親房中製成的糖醬，洗衣宰豬等都是自己工作的，麵包則在田莊上製作，這是當時的情形，然而自茲以後的情形又是怎樣的呢？製果醬製麵包洗衣醃肉等工作都離開了家庭和田莊，爲了公衆的利益都交給各種店舖去了，他們逐漸成爲分開的和獨立的藝業了。再遠溯到更遠的過去，紡織也都是在家內舉行的，然而現在呢，他們不僅成爲藝業，而且爲世界二個最大的工業了。

這樣，家庭便漸漸不供給自己的需要了，一種一種的藝業離開了去，每種都出去為交易而生產了。可是要使交易無限的發達，還有一件事情是很需要的。就是在藝業中發生的一種和工人同時存在着的特殊階級，這些人都是交易的熟手，就叫做商人。他們在文化中佔很重要的地位，的羅，西丁，迦太基的商人以及後來移居開化殖民開發裝飾全世界同時也是擾亂全世界的荷蘭及大不列顛的商人，都可以充分表現他們在文化上的地位。

最初商人的出現，形式極為簡單，就是那些行商小販，這種行商，以前是很普通的，現在我們偶然也還可以在有些鄉村中發現，他們的背上馱着一個袋子或者趕着貨車，從這一個田莊跑到那一個田莊，從這一個村落趕到另一個村落。在那些地方，他們把貨物拿出來，勸青年男女們購買，在這種行商變為大材料店或者甚至于變成像美國那些大公司——他既沒有店鋪也沒有貨物完全用郵遞的方法發售給你各種各樣的物品——以前，要經過各種不同的階段的，可是現在經營大商業的人，都不過是營業的人而已，然而古時的商人却是一些英雄咧！

第三章　貨幣

我們已經知道了交易怎樣使人類的進步，遠過于動物。可是物物交易，實在是一種很不方便的辦法。因爲交易兩造的慾望要完全適合，這是很不常發生的事情。我所要讓予的物品，很不容易適合有我所需要的物品的人的需要呢。

第一節　物物交易

下面是由非洲加美倫守備的遊記中所引的一個例子：

「我要進行我的 *Tanganyika* 海上巡邏第1我就要設法去找些船隻來。後來我找到一個好的，這個船爲 *Syde ibn Habib* 所有……我打算去租了來，就是要出勒索的高價也所不顧。」

「租僱的手續，是頗有趣味的。*Syde* 的經理人想要象牙來交換，然而這個我却沒有。可是我知道 *Mohammed ibn Sali* 有象牙，而缺少布匹，布匹我也沒有的。所以這還是不中用，直到後來，我聽說 *Mohammed ibn Gharib* 有布而需要金絲，這個金絲幸而是我有的了。于是給我 *Gharib* 以必須的數量的金絲，他就把布匹交給 *Salib*，然後 *Salib* 再給 *Habib* 的經理人以他所要的象牙，這樣我的船才算是到手了。」

物質的產品或財富的交換既然是如此的困難，智識的產品或服務的交換又是怎樣的困難呢？倘若我只有政治經濟學的知識可以與麵包或鞋子交換，那末，我要找到一個可以與我訂這個契約的商人，就非跑得很遠很遠不可了。

因此要解決這個困難，我們必須找一種適合人人的需要的貨品，——一種能夠應付普遍的需求，而不是特殊個人的需求的東西。這種東西是有的嗎？有的，到處都可以發現的。就是在原始社會中，也是是的，或者甚至于我們應當說，尤其是在原始社會中是如此，例如有幾種食品就是，在日本，無論貧富都靠米生活，因此一直到一八六八年的革命，日本的各種物件的價值，貨品也好，薪資也好，都是常用米來計算的。還有在其他的國家中，例如在漢得孫灣區域，獸皮在很久的時期中作爲交易媒介，因爲那個地方極冷，每人都得穿皮衣。同樣的，在牧畜時代的古代社會，牲畜就是交換的媒介。而且，我們不必追溯到很遠的過去，就是在現在，我們也可以在巴黎看到用郵票代替流通很近的小找換的事情。受了郵票的人，不會發生麻煩的，因爲反正每人都要郵票的吶。

可是這也不是只有普遍消費的東西才可以做交易的媒介，很稀少的東西，卽令他只適于一小部人的需要，若是牠能滿足一種很迫切的需求的時候，也可以爲交易的媒介的。譬如貴石子和金屬——實在說起來，因爲金屬都是稀少的，所以一切的金屬品曾經都是貴重的。據伊利亞 *Eliad* 的傳說，拍托克魯斯 *Patroclus* 死時所舉行的遊戲，亞吉利時所獎與得勝者的獎品，就是一塊鐵呢！

在所有的金屬品中，有一種特別的金屬，無論在什麼時代，都會使人類愉快忌羨和需求，這便是黃金。他是金屬品之王，因爲他有光彩有美色，或者我們還可以加上一種說，因爲他是無用的。此地之所謂「無用」者，便是指他只能供給奢侈的需要，而不能供給工業用途的意思。他既不能做武器，又不能作工具，誰能用金子製作一柄劍或者一柄犂呢！這個東西，似乎「自然」特地把他作爲貨幣用的，因此就成了財富的表象和記號了。

第二節　銷售

現在我們再看看自從採用交易媒介以後，交易發生了怎樣的改變。從此想要交換自己所有的物品的人，就不必像前面所引的那個非洲旅行家一樣，要去尋訪能夠滿足他的需要的人了。他只要去找一個有這種交易媒介的人——這個不是很難的事情，——然後以他所有的東西與這種交易媒介，就是金子相交換就夠了。換句話說，便是他可以「出賣」他的物品的。

于是，當他得到了他以他的物品所交換得來的金子的時候，他又要找他所需要的東西了。他再把他所得到的金子和他所需要的物品相交換，這樣就叫做「購買。」

因此，有了這個交易媒介，物物交易的辦法，就分成了兩個連續的但是相輔而且是同等重要的動作，叫作「賣」與「買。」

可是，仍然還有一個待解決的困難。因爲即令我們手中有的是錢，但是也不是常常很容易購買到的——這就是說，去找到一個有我們所需要的東西而又預備放棄這個東西的人也不太容易。至于出賣——就是找到一個願意以貨幣來與我們所有的東西相交換的人的意思——則較購買，還更不容易呢。

試舉書本作一個例子。倘若沒有賣書的人，我們就是有很充足的錢也是買不到我們所需要的。反之，有書出讓的人也知道賣掉牠們，是很不容易的，縱令那是稀少的，而且買來很貴的書籍。

因此，若是要使交易便當，則除了交易媒介以外，實在還需要一種人，他的功用是集合貨品的所有者所要發賣的貨物，然後再把牠們轉給需要這些貨物的人們，這種人就是商人，在前一章已經提到的。再以書本來說吧，我們只要去找一個書買便成了，他經營一種間接的職務，他的書，都是從有書發售的人那裏買來的。

這就是由各種不同的錯雜中趨于簡易的情形。這個常是社會經濟學上的問題；一個簡單的工作，需要很複雜的機關。

第三節　貨幣

我們已經用了貨幣這名詞一次或兩次了，貨幣自然是政治經濟學上一個最重要的事情。

貨幣實在有些神秘魔術的意味。我記得很清楚當我作小學生的時候，最初引起我對于經濟學的注意的，就是這個貨幣的奧妙。而且現在我似乎還可以在我的心眼中看見這個觀念給我的斑點。我從童年時代起，就浸沈于奇怪的故事中。我眞知道亞拉丁（*Aladdin*）和他的寶燈的故事；你要什麼東西，只要在燈上一摩擦便有了什麼東西了。當時我就對自己說：「有了金錢寶燈可以給你的東西，也都可以得到了：很濶氣的酒席寶石，一座皇宮，黑奴白奴，一切你所愛的，乃至于一個公主的手，都可以得到的。」

小孩子很早就知道有了便士，他要什麼東西，就可以得到什麼東西。我想，我們現在來估定小孩的某種年齡，到了這個年齡，你若是給他一塊金或銀〔現在是鈔票了〕的時候，他所得的滿足，與他得到了一件實際的東西比如說一個小囝囝或者一個小船所得的滿足相等或甚至于更強。這個嘗試在兒童心理學上，一定是有趣味的。

野蠻人最初的時候，對于金錢的接受的意向，和小孩差不多，現在還有一些部落中，金錢甚至于黃金，完全是沒有用處的，你送他們的東西、一定要是實物才可，現在俄國農民的情形便是這樣的。他們不用貨幣而以田產與製造品交換。

現在我們怎樣解釋這貨幣的能力呢？

第一就是因為貨幣，像剛才所說過的，是交易的普遍的工具，換句話說凡有貨幣的人都知道，只要他不是在沙漠中或者人跡罕至的地方，他以貨幣交換，是可以得到他所要的一切東西的。你以貨幣去行交換，沒有這樣的商人會拒絕供給你所要的東西的，只要是他夠有的話。

貨幣之所以優于一切的物品，不論其如何的貴重，就在這個地方。一個有寶貴的畫，寶石，或藝術品的大富翁，決不能用這些東西作爲交易的工具，除了先把他賣掉變成貨幣或者說把牠們「實現化」以外。「實現化」這個字是一個很精巧的語法，因爲牠表現貨幣在價值上，是唯一的實質的意義。可是在一個有貨幣的人，這種預先的手續就不需要了。他立刻可以享受他所需要的財富，而不必要等到把那些東西實現化以後，他隨時可以交換的。他知道他所有的貨幣這種財富，常常是有人要的，而且只有牠才是可以如此說的唯一的財富。法國南部種葡萄的人，十年以來他們的地窖都充滿了葡萄酒，這些東西是毫無價值的，這就是因爲他們不能把牠賣掉的原故——就是不能把牠變成貨幣的原故。

貨幣不僅時時有人要，而且也是每一個人所十分需求的對象。因此牠不僅給予他的所有者以購物的能力，同時也給予以指揮他人服務的能力。我們通常在商業信件上寫着「靜候尊命」「惟命是從」這類字樣，這個不是完全白寫的，這不僅是客氣的稱呼，實際上却可以表現從貨幣的所有上產生的地位，這個可以支配貨物同時可指揮勞動的能力。一切好的壞的服務，都是可以用金錢得到的。

可是我之所以說貨幣有一種像符咒一樣的魔力，却不全然是因爲這個原故。此外還有一點，就是貨幣可以儲藏價值正和蓄電器可以在需要電的時候發出電力一樣在手電燈裏面有一個小蓄電器，我們只要一按機關，便可以發光的，貨幣的情形也是一樣。貨幣代表一種能力，這種能力，牠的所有者要用的時候，就可以使用的。一個鄉下人，賣掉了他的牛油和鷄蛋由市場走回來，他得了一袋子的金錢或者一捲鈔票，這些金錢他可以拿牠去買些他所要消費的東西，他也可以把牠收藏起來，儲蓄起來，把牠放在鄉人過去的習俗所用的長統襪子裏面，或者放在現今相似的錢袋和錢夾子裏面，就是這樣收存了十年二十年以後，甚至于即令他死了，這個所藏的價值還是不變的。他的後代可以取出來正如一個八一按手電燈的機關就可以放光一樣。他們就可以享受他們的父親或祖父所積下來的金錢了。倘若因爲他怕戰爭和革命的原故，他把錢藏在地底下的時候，這樣這個寶藏或許經過千百年後才被發現了，于是這幸運的發現者，就可以任意處分這熟睡了許多時代的價值。這些東西，在他的手裏會覺醒過來的，正和「睡的美」（Sleeping Beauty）在王子（Prince）的懷中蘇醒過來一樣。

這種情形也許不是金錢所特有的。現在假設有一個人發現了一個新的Venus of Milo，或者就是現存的雕像所失掉的一臂的時候，那末他一定是會變成很富的。這種情形也許可能，因爲大理石和古銅與貴金屬一樣同具有永遠不朽的特質。可是這樣的財富實在不多。例如我剛才所說及的那個商人他若是把穀子收藏起來的話，那末不上幾年，所剩的一定無幾了。因爲雖說穀子是商品最耐久的一種，可是你若把牠收藏起來，就很容易腐壞，被老鼠侵食，或者因爲其他的原因而損壞呢。

可是我們也要糾正金銀的價值永久不變的這樣的說法。實際上不受時間的支配不是金銀的價值，而是金銀的實質。在十字軍時代所埋藏的財寶，現在若重現出來，其現時的價值與埋藏的人所有的價值，是不一樣的。這就是說，其購買力不同了。或者要失去其購買力六分之五——自然這是與金幣而非與紙幣比較的。金屬貨幣卽金子亦然，像香料瓶一樣，無論封得如何的緊密，年代久了香氣總要失掉一些。金屬因爲蒸發的關係也是要失去一部分價值的，可是無論如何却比其餘的任何貨品要經久些。

此外貨幣還有一種特權。因爲有了錢的人，要什麼就有什麼，所以他不必自己工作以供給他的需要。天下的人似乎都受勞苦的法則的支配，「在你的額前的汗珠中，你就要勞動，」然而只有有這種商品的人，却不受這條法則的管轄。這難道不是和法國革命以前貴族所享的免稅權一樣的特權嗎？

正統派或樂觀派的一個領袖，法國經濟學家巴士的（Bastiat）在他的名著經濟的調和（The Economic Harmonies，）上，曾經注意到「金錢使人得以免除工作的必要」這一件事實上。巴士的氏這本書是從道德上的觀點來辯護一切經濟現象的名著。在他看來，這件事實，幷不煩難。因爲據他說，金錢本身就代表以前作好了的工作。我們前面討論賣與買的時候。我們已知道了一個人不賣掉一些東西，是得不着金錢的。現在試問，除了他們的勞動或他們的服務的產物以外，他們能賣些什麼呢？就理論上講，他這話是很對的。

巴士的氏更繼續的教我們想像每一個金錢，都有這樣的意義；「這是一種憑證代表這樣多已成的工作，或者已履行了的服務，而給予牠所有者以要求一個相等的價值的權利。」由此看來，與金錢交換得來的價值，不過是一種報酬而已。

可是我們前面說過的埋藏的財物又是怎樣的情形呢？這能夠說其中每個金錢都代表他的祖先的勞動嗎？可以的，但是我們不能證明這些金錢不是由別人的勞動得來的錢偷來的。或許是某個貴族把勒索農奴得來的錢埋在那個地方呢。貨幣的所以有這個利益，就是他可以免脫一切關于他的來源的合法與否的追究，以及證據之真實與否的探求。有一個羅馬的皇帝曾經說過：「金錢是沒有味的。」這就是說金錢不論其來源如何，都是一樣的有價值的意思。

卽令可以證明每個金錢都代表過去的勞動，然而一個金錢的所有者有了這個代表死去了的和作完了的勞動的東西，就可以免除現時的工作，這個似乎也是過分的特權吧！

我記得我在學校的時候，曾有過一種制度很盛行，幸而這種制度現在已沒有人再實行了。這個制度是這樣的。好學生發給一種「免役證，」這就是工作好的學生可以得到一種一百二百或一千條線的證書的意思，以後他要受罰的時候，他只要在這證書上繳來相等的價值，便可以不必受罰了。這種制度難道不是完全和金錢〔照巴士的的樂觀的定義〕一樣的嗎，——豁免工作，脫免處罰和不必受各種的苦役。我自己雖然很受了些這種教育制度的利益，但是當我一看見沒有很多這種「免役證」的同伴們被處罰去作他們的工作時候，我的心裏就不免有些難過了。關于金錢我們難道不能感覺到同樣的懷疑嗎？

因此我們必須放棄一切從道德的觀點上來辯護金錢的觀念。這種觀念的根據和有些道德家及社會主義者的相反的觀念，把金錢看作掠奪和毀壞的一種工具一樣，是不很充分的。今天付與工人勞動的金錢或報酬家婦小心的管理的金錢，也許明天就到一個放重利債者的手裡呢。然而金錢自己難道能夠擔負這個責任嗎？

金錢像字母和度量衡一樣，是人所發明的最奇妙的工具之一。而且也同樣地可以用之爲善用之爲惡，我叫他做一種工具，因爲他正是如此的，猶如我們叫度量衡一樣——碼磅以及咖崙。一切的貨物都用與之交易的金錢的數量來計算，同時也用重和量的標準來度量。這種各種東西都不可免的二重度量，自然在他的價格中表現出來。一件物品的價格就是以貨幣量其價值的意思。

于是這種度量的因子就應用于經濟學了。這種因子一經應用到任何科學，都表現一種很重要的步驟。經濟學用了這種度量的工具，而得以數字表現各種價值之後，經濟學才成爲一種科學，而且才能够成爲一種科學。

金和銀可以量重得很準確，貨幣之金灰或銀條的形式曾經在交易中通行過不少的時間。直到最近中國的商人還是帶着一對稱的，他并不是像現在的屠戶和賣餅果的人一樣，用以量貨物的重，而是用以秤金錢的。于是 *Imgot* 就開始適用了其重量是一定的言明的，而是要預先決定的。上面還蓋了一個章以保證其重要之準確。我們不確實知道誰是最初用這種方法鈐記或鑄造貨幣的人，但是我們却十分明白這人是住在小亞細亞的希拉殖民地上靠近發明字母的腓尼基的。

只有在這個時候，貨幣的時代，嚴格的說來，才開始了——或者說泉幣的時代。一切我們叫作貨幣單位的泉幣，金鎊法郎美金馬克等等——都是些金屬小塊。他的重量是爲法律所規定的。比如金鎊是一種金塊重一二三・二七四四七厘。其中十二分之十一爲純金，其餘的爲銅。

國家在這些錠條上要蓋印章。其樣式或者是統治的肖像，或者是一個習俗的圖型。其用意就是要證明這些貨幣確實合于規定的重量。僞造這個印章的人，——造假幣者——要受極重的刑罰。在中世紀的時候，處罰的方法是把他們丟在沸油的桶裏，其所以要如此的嚴刑的原因就是因爲要使大家對于這國家刻在泉幣上的印章，有完全的信用。

自從有了貨幣之後各種貨物以及各種服務的價值，都能夠計算了。在聖經裏面我們知道 Abraham 和 Job 是非常富有的。他們有了很多的牲畜，很多的奴僕，可是我們却不知道他的財富究竟有多少，然而現在呢我們却可以知道任何人的各種財貨的準確數，甚至于一半個便士都能知道的。政府也是知道的。而且幸而他也知道，不然若是沒有一個準確的度量的工具，他又怎樣能够從租稅中計算其收入呢？這種價值的量度，也不僅對于政府不可少，就是對于每一個從事于商業的人，也是必需的。商人由他的總賬，最初算出貨物的成本價格，然後又算出銷售價格來，這兩個數字的差額，便是他的所得或利潤。

沒有貨幣，公平的價格是不能實現的。此地我所謂公平價格，就是一種價格由道德的觀點上看來是公平的意思。在沒有這種正確的度量形式，但是仍然有物物交易的非洲的地方，只有便買價和賣價間的差額極大，貿易才有進行的可能。——這就是說，賣價常在其價值三倍或四倍。我想倘若黑人是最淫猥的掠奪的受害者的話，那末其一部分原因實是因為缺乏貨幣以致不能定一個公平價格的原故，貨幣對于他們不會就是「自由」呢。

第四節　信託價值

貨幣的價值是怎樣構成的呢？前面我已經把金幣優于他種財富的原因敍述過了：就是因爲他可以使你得到一切你所需要的東西，包括別人的勞動在內。因此可以使你免脫工作，而且他可以使你保持價值以至于無限的年代。可是爲什麼金幣有這些性質呢？

金與銀像前面說過的。是因爲他的美色和人人時時都需要他。不論是做國王的皇冠還是做女人的裝飾品這些原故，所以就把牠選做貨幣，在東方各地還是這樣的情形。金銀既是交易的媒介，又是一種裝飾品，一個女孩的嫁奩，常常有叫「西春」（「*Sequin*」）的金幣，縫在她的圍帶或衣服上。

可是在西方則已經過了這個時期。倘若金對于我們的用處只在做成鈴子，手釧，頸項表座，銀子的用處只在做成叉子，調羹，盤子的話，那末，那是不够維持現今世界文明國家的貨幣貯金的價值的大量的，就說是四〇〇〇，〇〇〇，〇〇〇，〇〇〇金鎊吧，因此，這個價值一定非另有一些根基不可。然則那又是什麼呢？

普通在政治經濟學書中的唯一的解釋，就是說貨幣也是一種商品，他的價值也是組成牠的金屬的市場價值。「爲什麼一個金鎊值得一鎊錢呢？」對于我們這個問題，他們是這樣的答法：因爲倘若你把牠鎔掉，把上面的印章用一個搥子毀掉而走到一個金匠那裏去，他就會給一鎊金子與你兌換的，其價值甚絲毫不致于損失的。這個就證明牠有一種獨立于貨幣價值以外的價值。那製幣局印在一個金鎊上的印樣，不過像印在貨物上的標記（*Label*）一樣，他「告訴」你這個貨幣的價值，可是牠却不能「創造」價值。

可是倘若果是這種情形的話，那末，我們對于鈔票的價值又怎樣解釋呢？自然不是用製造紙幣所用的紙的本質價值來說明的，卽令所用的是最好最貴的紙張。其原因，是因爲鈔票不過其上面所標明的金的數量的一種標識而已。鈔票所有者什麼時候要兌現，就可以兌現的。

然而這種解釋也並不是很充足的，因爲有些紙幣就不兌現金的，英國的國庫券法國所有的銀行券都是如此。而且卽是我們接收了一張兌現的英國鈔票，我們也並不想到英國銀行去兌成現金。我們收接紙幣，並不把牠兌現，而是花掉牠，因爲我們十分相信用紙幣購物或還債，商人或債主決會接受一張五鎊的鈔票把牠當作五鎊現金的。這種信任是因爲不斷的經驗和法律的承認證實和鞏固起來的。

而且，就是在金屬貨幣的情形，也沒有這樣的人會想到到一個金匠那裏去賣掉牠的。我們接受現金是因爲我們知道別人也會作同樣的價値接受的。這就是說，一個泉幣的價値的構成，就是在每個人當別人接受他的時候所覺得的信心。

因此貨幣的價値，就在其持有者的相互同意，共認爲每人都會接受的這一點上。參加這個同意的人，在國家幣制如銀行劵的時候，就是該國的全體住民。在國際幣制如金有時候就是全世界的住民。玩紙牌的時候，我們常用標記以代替金錢——就是一種各色的籌碼，代表一定的價値，這種遊戲完了以後，大家都承認籌碼的確有那種價値，決不會關于他們的本質上的價値有麻煩的。——同樣，貨幣也是如此，其唯一的異點，就是這些籌碼的價値，只根據于一個桌上的四個玩牌的人的同意，而金錢的價値，則根基于幾百萬萬人的協同。

價値的此種約定的性質，在其他一切財富的基礎上也發現的。一個婦人以五千金鎊購買一掛寶珠頸帶，這是因爲她覺得這個東西可以使她美麗的原故，一個愛好戰爭者買了一座城堡，這也是因爲他覺得城堡可以使他快樂的原故。也許他們兩個人都錯了的，但是這是在這一點以外的問題。在這種非貨幣的財富情形下，這種信心是爲其財富的實質的自然的性質，比如說爲珍珠的美麗，城堡的安適和利益所迷惑的。然而金屬貨幣或多油的紙幣則決不會發生錯誤，因爲其價值的基柱實質，實在沒有或者很少實質效用。除了人們大家付與他的一種信用以外，牠沒有其他的基礎了。

所以最後的分析起來，構成貨幣的價值的東西，就是「信心」(*Faith*)，始社會學家塔特氏（*Gabreil Tarde*）所說的。這是一種互相信託的單簡的表現。大家都相信一件物品的價值，正因爲別人也相信牠。這些個人的信託的表示互相支撑起來，就使這一棟房屋日趨穩固，像大禮拜堂一般。可是倘若大家一□開了，全部就會傾倒下來的。這就是現在在歐洲大部分的國家中所可以見的現象。

第四章　財產與遺產

我們常常聽見說財產是社會秩序的基礎。無論如何，牠總是文化的一個最大的制度，同時也是經濟學中的一個主要論題。我幷不想在這一章中對于這個題目很深的論述，我只簡單的指出這個「文化的基礎」是怎樣地經過長久的時候設立起來的，現在是怎樣地在變動的過程中，或者更正確的說其形體是怎樣地毀壞。

第一節　財產的進化

我們已經知道私有的最初基本的形式的起源了。這是因爲迫于食物的生理的需要的原故。其消融的方法，就是吃掉吞掉，總而言之是往口裏送。我前面所敍述過的小孩和松鼠的情形就如此。這表示所有的最明白的樣式實在，這就和消費差不多呢。

可是私有的觀念，立刻推廣到凡手能够接觸和抓取的東西。學過法律的人都知道在羅馬法中轉讓財產的主要方式，叫做交付（*Mancipation*）這個字是由二個拉丁語而來的，意思就是「用手去取。」因此在最初，只有能够取握的東西才視爲可以私有的東西。自己勞動所得的東西，自然也是同樣可以私有的。這些東西第一就是最早的各種工具和武器如鑿子，發火石以及衣服和裝飾等，後來漸及于家庭的動物，自此以後，私有權及于奴隸，甚至于婦女，也是最早的一種財產。同樣，在最初的時候，住屋是一種可移動的東西，因爲所謂住屋者，就是游牧民族的帳棚。實際上最初的卑陋的住處是很少與衣服分開的。蝸牛的殼是住呢，還是衣呢？同樣，野蠻人的住所與他自己相連很密切，這就是爲什麼住處成爲一種財產的原因。就是在動物中他們對于其巢穴也是有很強的所有的觀念的。

可是此地財產的性質稍微有些變更了。以前完全是個人的和己身的如弓矢及一套衣服，已漸漸變爲一家庭的事情了。一個屋子幷不僅是一個男人的財產同時也是，而且尤其是他的妻兒的財產。一個鳥巢怎能不是一種財產呢？這是一切的財產中最神聖的財產。在有羽翼的動物全類中，實在沒有比偷人家的巢的杜鵑，再受輕視的了。

這也不僅是財產的形式才有變化，財產的基礎也有同樣的變化的。個人的財產是由勞動或佔據生產的可是一個家內的財產，却是由婚姻和生育產生的結果。總而言之，只有「愛」才是產生我們所謂的這個美滿的名字——家庭的因子。

現在我們更進步的考究。當住屋成了一個實際的家庭或固定的住所而非游牧人的帳棚或穴處人的石洞的時候，于是財產的立刻開始四射及于周圍的東西，正如火心發出的光芒一樣。所有者推廣及于近房屋的一切東西，及于供給這家庭食料的菜圃。由此看來，實際財產或不動產的最初形式，不過是房屋的附屬物而已。

在羅馬時代——這是我們研究土地所有權的起源和歷史的時候所不可不常常提到的——直到朋尼克戰爭（紀元前二〇〇年）的時候，除掉在屋周一塊土地以外，沒有其他的土地的財產。這一塊地方叫作 *Jugerum* 其廣約當一畝之三分之一。

可是財產并不曾在這些狹隘的限度以內，便停住了。他立刻不限于可以用手接觸或用眼可以看見的物件了。土地用犂耕過之後，財產就跟到犂鋤的盡頭，然後在那裏立起不可侵犯的界石。地界之神 *Terminus* 就替他好好的看守起來。

可是「財產」是無厭的，他對于自己所立的界石也不遵守。他無限的推廣，佔取空虛的土地，一直到所有的土地都被吸收了爲止。這樣一來，大規模的土地所有權的制度就發生了。這種制度根本對于政治和經濟都是很重要的，因爲牠產生了封建制度和貴族階級。然則這種發展又是怎樣的實行呢？在勤產情形之下，比如一個人手裏可以拿的東西，或者在一個人的房屋及他用犂鋤耕作的那個小地的情形之下，「所有」都是實際的物質的。可是到所有權推廣到佈滿于地球的時候，這種所有權的根基又是什麼呢？有效的佔據，決不能爲幾千幾萬畝的大田產如英、俄、意、美的所有權的根據。同樣，所有主的勞動也不是所有權的根基，因爲大田產若是完全開闢了的話，完全是由于奴隸農奴或佃農的勞動。然則這種大規模的地產的原始權利究竟是什麼呢？

這就是征服。關于這一點，攷諸歷史已是毫無疑義。最初的大地產，是用干戈得來的，其後就是一種統治階級自己所立的法律把財產從原有者沒收過來。關于這個事情，羅馬人并沒有什麼隱諱。他們崇拜的土地所有權的形式，就是由戰爭產生的。羅馬人用市民私產（Quiritarian Ownership）以表示最好最正當的所有權形式——法律承認的所有權。其實這個字的原義就是「一個背了兵士的長矛的人」的意思。這種所有權是鋼鐵產生出來的，可是這并不是犁具的鋼鐵，而是長槍的鋼鐵。

這種取得財產的方法繼續存在了很多的年代。比如在英國，我們就可以看到剛才所說的土地所有權的形成二個階段。最初是北方民族的大征服，（The Norman Conquest）其結果被征服的英吉利人的土地被分成一些部份，註册在著名的土地測量册（Domesday Book）上。其後這些貴族的老田地又因為掠奪和合併了那些在大征服時逃脫了第一次瓜分的舊地主的小田產的原故，變成更大了。

再後，這種情形也漸漸及于愛爾蘭了。這種強奪的行為的政治影響是非常之大的。有一個愛爾蘭的傳道者，曾經對一羣農民演述過下面的故事，很受了聽衆掌聲雷動的歡迎，雖然當時幷不曾有新芬黨這個東西。

他說：有一天，我到了一塊田地上去了。那個所有者立刻對我說：「滾開些！這是我的」。我就問他道：「為什麼呢？你從什麼地方得來的呢？」「從我的父親。」他答。「你的父親又怎樣得來的呢？」「從我的祖父。」「你的祖父又從什麼地方得來的呢？——我再問，他于是發怒起來了：「他是從鬥爭得來的呵！」我就說「那末你放勇敢些，脫掉你的外衣，我們也可以來鬥爭看看誰可以得這個。」

我們還只舉了大不列顛的一個島作例子，可是田地的歷史卻是處處一樣的，卽是在美洲也是如此。大家都以爲最初往美洲的探險家代表最神聖的所有權，因爲他們是用斧頭犂耙來征服那塊土地的，可是我們卻忘記了他們最初把印第安人驅逐了然後才得到了這土地呵！在一切的殖民地中都是這樣的情形。而且我們要記着歐洲一切古國都曾有一個時候也是別人的殖民地呢——大不列顛最初是羅馬的殖民地，其後又是條頓民族的殖民地——同一的故事也可以重述到一打以上。

土地的私產就是這樣起源的。可是這個事實對于牠現在的所有者並沒有什麼影響。因爲後來土地不斷的轉讓、購買、繼承、以致牠取得的原始方法的性質，早已漸漸被掩沒被改換了。可是在法律上所謂「財產權」尤其是所謂「取得時效」的下面征服，歸根索源起來，總是爲一切地產的基礎的。

現在倘若我們能夠在某一處地方，卽令在土地所有權最固定的古國內，發現一塊田地，這塊田地自從最初開拓的人開拓以來，每一個時代，都有人類的勞動加在上面，那末，這一種發現一定是很新奇的，乃至于可以裝在一個刻有紀念文的玻璃盒子內，因爲這實在是歷史上最稀少的紀念品咧。

第二節　非物質的財產

財產的擴張，決不僅止于土地而已。牠更進一步而成爲非物質的財產。這個與我們剛才所述的人類可以握在手裏的財產的原來的形式大異，這種非物質的財產，有可變換的證券。

這種可換的證券，爲現在我們的財富的大部。自然，現在也有些人還有房屋土地及實際財產，可是現在所謂自立階級或資本家階級大都有證券，這種財產的——這是印有花紋圖記的紙片。他們代表北部煤礦業或棉業工廠，或英國的鐵路航船，或遠在脫蘭士口的金礦，在里約丁托的銅礦的所有權之一部。這些所有者自己看見過這些礦產嗎？沒有的。或者甚至于他們還不知道其所在地呢！而且有些單據都沒有所有者的名字。他們是不具名的——這就是所謂「付與來人」——而且只用號頭來分別這些所有者。

而且這些人也不必自己保存這些證券。大多數都存在銀行裏面的。銀行只給收據和一本支票簿而已。他要買東西或者付款的時候，他只要在支票簿上寫好他所需要的數目便夠了。支票簿就是現今大財產的形式。

個人財產的最初形式，像外部的機關一樣，是與本人密連的——像蝸牛的殼一般。現在的財產則脫離了人身了。正像唯神論者所想像的圍繞着實體的「星形體」（Astral Body）一般。

越雷氏（Jaures）〔註一〕在他的社會主義研究書中曾經動人的描寫過這種變遷，他說：「農民的財產就是他的生命的一片斷。這是他出世的地方，這是近于他祖先長眠着的墳墓的處所，而且也是他將來要永憩的地點，從這遮蔭着他的門廊的無花果樹裏，他可以看到將來會遮蔽他的最後的休息之所的扁柏。他的財產就是他的鄉土的一部，是他的周圍的世界中的一點。〔註二〕……」以前人們求助于報紙的，是要知道一些在他們的生活以外的事情。他決不買一張報來發現自己的收入怎樣，他們所值得的又有多少的。然而現在呢，差不多每一個平常的人都不能不看財政的報告，以知他自己的貨財是怎樣變動的。財產已經成爲由所有者移動很遠的東西，因此關于他的財產的消息，他就不能不由報紙上去得到了。」

這是非常的確的。一個有證券的人，不能不看報上所載的證券交易時價，以發覺他的證券和股份究竟可值多少，而且告訴他自昨天以來他變富了呢，還是變窮了呢，或變了多少呢，這些事體的，也就是每天的報紙。

這種財產的形式有沒有蒸發的危險呢？沒有的。而且他的被偸或失掉的危險，較農夫鎖在櫥子裏的金錢，還要少些。因爲他交給銀行好好的保存去了。可是在另一種意義下，這種財產又是很不穩定的，因爲倘若發生革命的時候，一陣風就可以把這些「紙片」吹得無影無踪的。

除了財產所包含的東西各時期都有變動以外？與財產相關連的權利也是有發展的過程的。

然則，就大體言之，什麼是所有權的特質呢？以前我們只細說了他的歷史，却並不曾加以闡明。然則私人或個人所有權究竟是什麼意義呢？這便是獨占一件物品的權利——不許任何另外的人參與的意思。在根源上說，這不過是使用一件物品以滿足其慾望的權利，但是他有不有這現在成爲不可分離的權利——以一件物品與另一種相交換的權利呢？自然是沒有的。因爲我們已經知道交換需要一種道德的努力和極繁複的經濟條件。說到交換這件事，我們經注意過：一個人他要把他自己所有的東西放棄而讓與別人，他自己是不很願意的。可是一到財貨因爲分工的原故成爲一種商品可以明白出售的時候，這種不願之感自然就歸于消滅了。然而房屋田地却仍然不是商品。牠們不單是一種個人財產而已，而且是家庭的財產，甚至于還不僅是家庭的財產，而且是神聖的財產。死了的祖先的軀殼葬在那裏，祖宗菩薩也在那裏，每早都要祭一點油和酒呢。現在有些東方國家如中國還把祖先的雕像放在堂屋中間，這就是看守房屋的神。這樣看來，財產不僅屬于活着的人，而且屬于死了的人，乃至于將來的人。他們有一種權利。財產是神聖的東西，而神聖的東西在商業中是沒有地位的。

第三節　遺產

個人對于一件物品，乃至于土地的權利，漸漸離開所有權了。羅馬法的歷史供給我們以最顯著的例子。因爲有賣的權利，有租的權利，有借的權利，個人所有權就因此確定了。〔見下章〕

但是所有權日益集中日益趨于絕對的和個人的，那末倘若在相當的時候這一個人死了，他的所有權浮在空中的時候，又怎樣辦法呢？這實在是一個很嚴重的時刻，怎麼辦呢？

發生問題的倘若這個財產是一種原始的財產的話，那末，跟牠的所有者一塊兒去便好了。他所有的東西，同他一起進墳去。把他用的工具和裝飾他妻子的首飾埋了吧！把他的忠實的獵犬和跟他到戰爭或圍場中去的馬一起陪葬了吧！埋了他的奴隸或者甚至于他的妻子吧！這種制度的殘留現在還有遺存着的。一個殺了的女人的首飾，有時放在她的棺材裏面。一個軍官埋了，他的戰馬常埋在棺架的背面，這個決不是殺害。但是他在葬儀中的位置，使人想起他跟着主人死的日子來。至于妻子殉夫，印度的新娘在她的丈夫行火葬的時候和她的丈夫的軀一同燒死，這個大概日子也隔不很久吧。這種殘酷的禮俗，在十九世紀中期只有英國算是廢除了。

可是我們切不要把這種事實當作所有權消滅的表現，反過來，這實在是所有權的推廣，或者是及于將來生活的延長。一個死人的武器工具奴隸和妻子之所以要和他自己一幷葬埋，實在因爲他以爲他可以在墳墓的另一邊再發現牠們的原故。

這種迷信，對于我們是很有利益的。因爲有了他才保持了許多物件。這些物件告訴我們的關于古代文化的智識，較之書本告訴我們的還要多些。我們在埃及，愛特尼斯坎，希拉和羅馬的墳墓裏發現了許多貴重的物品，現在都陳列在博物館中。

然而房屋和土地却不能同他的所有者一同埋葬的。然則又怎樣的辦法呢？

這種財產是要歸還于集合的所有者的。或者是一個家庭，或者一個種族。這種財產以先不過是暫時離開其集合的所有權而已。

因此，在一個隔野蠻時代還不遠而且其開化又是由于傳教者之力的國家，如南美洲的巴蘇托土中當一個土人死了的時候，他的後裔不僅有取去他的動產的權利而且可以拿走一切可以從房屋分開的物件，例如門戶，窗子，木樑蓋瓦之類。這些物件對于他們是很有用處的。可是房屋——或所剩下來的東西——却非還給全族不可。

在羅馬人中，房屋和土地在很久的時間，都是家庭的財產。一家之家長，因爲他代表一個家庭，和國王代表國家一樣，所以他對于一切財產，自然都有絕對的權力，正和他對于他的妻和子一般。但是他一死了之後，這種財產就傳到家庭之中的其餘的份子了。至于他們要與不要，那是不問的，所以他們叫做到強迫的繼承者。

個人的所有權，並不就以僅僅自己一生的利益爲滿足了。他還要永續下去，找一個在每一次所有者亡故的時候可以繼承的人。自然，最初的時候，這個人是亡故者的兒子，或者最親近的人。這樣一來，所有權就不再是一種集合的家族事體，像在古代部落時代或現在塞爾比亞的「沙都拉加」(*Zadruga*)的情形一樣，而變爲個人的了，——就是說把財產分給于後死者。不過後來所有權由死者之喜愛傳給他所指定的人。寫遺囑指定他死後財產的處置這種權利，實在是一個個人可以有的最重要的權利。而且是個人所有權的承認之最絕對的形式。要想更進一步是不可能的了。

同時，遺言的繼承，或遺產處分之自由，却幷沒有消滅強迫的繼承。〔在羅馬法中爲 *Successio Abintestato*〕實際上，立法者反小心維護這強迫繼承或者家庭所有權別以限制由「遺言自由」所承認和表現的個人所有權的完全權力。在英國，的確，法律允許一個人死後對于他的財產有完全照他的意志的完全自由處分權，不論其爲土地或爲他種財產。可是在其他的一些國家中，則法律制度對于遺贈權多有限制。例如在法國，就絕對的沒有承認這種遺言自由。因爲一個父親不可以不傳業于其子，他只可以遺給其財產之某一部份，那即是說「等于一個兒子的部份之一部，每個兒子各繼承一相等的部份。」這個限制是在大革命以後編拿破侖法典的人用以爲一種德模克拉西的制度，以打破傳長子的封建的和貴族的習俗的。然而現代的趨勢，則漸漸趨于限制可以受這種強迫繼承的利益的親族的數目，因此這種制度就衰微下去了。可是這却決不是說，遺言自由權已代之而興，實際上受其利者爲國家，因爲代替被取消的繼承者的地位者是國家哩。

此地，我們就遇着在這個進化的過程中方向的改變了。所有權制度經過一個很長的時間在個人主義的方面發展以後，現在又變爲社會的和集合的了。如是他又有幾分回到他的原來的形式了。——這是進化的一種循環形式，歷史上是不乏奇例的。

第四節　財產社會化

我們須知道，一切財產都有幾分是許多人的集合勞動的結果的。在這一點上，例如所有的財產中的最高貴的一種——就是一本書的著者。在像哈孟雷特及李爾王這樣的書中，誰都不會懷疑這種著作中的個人創造的成分的，然而我們若是一想到沙士比亞做這些戲劇的時候，若是從歷史上乃至于從別個著作者藉助來的時候，我們便不能不認爲這種財產在其起源上大部份也是集合的了。製靴的靴匠，用柳條織成籃子的織工，自然也是一樣的。一個人對于他自己勞動的生產品有所有的權利，是決不會懷疑的。然而就是這些微少的東西的存在，也不能不歸功于他以前已經存在的一些事物，如告訴靴匠織工手藝的人各代傳下來的習俗，至于靴子監子的購買者，那更是不用說了。因爲沒有他們的需要，不管他所費的勞動是多少，這些物品是毫沒有價值的。

現在，一切的財產既然多少總是大家的勞動所造成的，那末，財產便應當用于公共的利益上了，只除生產者自身要用來消費以滿足其自己的慾望的一部份以外。然而這一部份實際上是普通財產的一個很小的部份。

這樣看來，個人所有權，是個人主義化中的一個階段而已。牠是在兩種集合的所有權制之間出現的。因爲牠的起源是集合的，而牠的終點也是集合的。牠是一隻樹的主幹，牠的根埋在土裏，牠的枝搖曳在空中。這主幹也是樹的重要的一部，也是不能砍下來的。

現在就不是社會主義者也認爲財產應當趨于社會的了。所謂社會的，就是應當從社會效用的觀點上去觀察牠的意思。因此，我們也不必再孜孜于財產的起源上，不論他的發生是由于勞動、征服、佔據、法規呢，我們現在所要論列的，就是看牠究竟盡了一些什麼職務，和對于國家經濟上牠究竟可以盡些怎樣的職能。

下面是從把財產從這方面觀察所得的一些很簡單的實際的結果。

第一，因爲所有權是從社會效用上發生的，那末牠的本身一定要是有用的，若是一個所有者不能充分利用他的財產的用處，這個人便沒有使用這種所有權的功用的權利。例如，一切土地都是應當開拓的，一個土地的所有者實在沒有讓牠荒廢的權利。在大戰以前，這種任其荒廢的行爲沒有人干涉，因爲各國都尊重人們的羅馬式的所有權制，即前面說過的——*Quiritarian Ownership*——有使用享受和荒廢的絕對權利。一個地主可以自由的不開拓他的田地，甚至于像英國許多的情形，可以把一個全村的農民都驅逐出去，而用這塊大地來打野雞或野鴨。然而現在却不能這樣的放肆了。大戰對于這一點上，已經特別動聽地給了教訓了，正和對于旁的一些問題上一般。

在大戰時，法國政府曾命令凡地主皆有開闢其田地的義務，倘若他不開拓的話，他的鄰人就可以去開闢的，倘若他失敗的時候，縣區就去擔承這個工作。自然，這條法令不是各處都施行了的，可是在有幾處區域是確實施行的，而且還組織了一些明白地以開拓地主所荒廢的田地爲目的的會社。

在英國，因爲要增加食物的生產，也採行了一些頗相類似的方法。每州的農業委員會曾發佈土地防護條例（*Defence of the Realm Act*）告訴農民他們應當耕作的草地的比例多少，及他們應當種植何種穀物。

這些都是表現這種所有權新觀念的有力的例證。

所有權的絕對性質的觀念，只在由羅馬文化產生出來的民族中才存在的。例如回教的法律，就只承認若是土地所有者開拓了牠，或者灌溉了牠，使牠可以生活，或者用可蘭上的一個漂亮的名字吧，「甦生」了牠的時候，土地的所有權才是有地產的個人所有權。雖然在回教統治下的田地，實際上極少有「甦生」了的，可是其原則却仍然是很對的，較羅馬的高明得多了。就是在西方，也有很多這種新觀念的例證。國家因爲公共利益常常干涉到財產權。例如沼澤一定要弄乾起來，乾燥的地方一定要灌溉的。假設地主說：「我有不灌溉我的田地，不弄乾我的池沼的自由呢。」那末，他一定會被責問的：「不然，你沒有荒廢牠的自由，你一定非爲公共利益而使用這塊土地不可。」他已不能自私的說這是「我的」田地，而應當說這是「我們的」田地了。

不過此處還有一個更進一層的問題。就是由于公共效用的沒有問題。海得勒氏（*Hadley*）說：「倘若有一個人用他的田地而防礙公共的發展的時候，政府就可以定一種方法，可以不管他願意與否，取過他的土地來，因爲社會對于這種財產在必要時候有超于個人意志的權利。……這是非常明顯的，當有公共需要的時候國家用一種正當的法律手續與所有者以賠償，是可以沒收私人財產的。」

這種由于公共效用的充公，在俄帝國瓦解後的新興的共和國中，乃至于靠近這些國家的古國，如希拉及羅馬尼亞中，都大規模的實行了。所有的這些國家都頒佈法令，凡大田地均須一部份歸公，過去幾年中通過了一些規定，凡地產多過一定畝數者均須歸公的法律。這個一定的畝數，自然是各國不同的。

在這種情形下我們應當注意，這并不是以集合的所有權代替個人的所有權。反過來這種歸公的方法，足以產生和增加一種農民私有者的階級。但是這却仍然有社會主義的性質。因爲牠可以漸漸廢除完全爲雇主及地租收入者的地主階級，而代以基于勞動的所有權制，這樣便比較的合于社會的公共福利了。

最後我們要問租稅，尤其是自大戰以來差不多各國所達到的可怕的稅率，是不是一種所得的沒收呢？不僅在英國，而且在德國美國，我們可以看到許多大財產要給與國家他們的收入之一半，——在美國的極大的收入中甚至達百分之七十二——這種情形，除了說是一種無報酬的沒收以外，我們還可以叫他什麼名字呢？至加于資本的稅則，更明顯地是一種充公。

此外，我們還可以舉出國家在公共利益的名目下干與私人財產的例子。戰時現金出口之禁止，以及有些貨品特別是製造軍火用的貨品輸出的嚴格的限制都是這樣的私人的的有權制，包括輸出自己的財產的權利及其讓渡的自由，所以這些法律都是對于個人所有權的明顯的破壞。在有幾個國家中，甚至于藝術品的輸出也是為法律所禁止的。一個有偉大的繪畫美術品的人，不能到國內去銷售，于是他們的市場價值，就要損失大部了。

此地我並不是討論這些方法的利點，我不過是用以證明這種財產的新觀念而已。這種新觀念的結果，使所有者成為他的所有物的僅僅一個經理人而已。他的目的是為了國家的利益同時也對國家負責。這就是說從此所有權已經成為一種公共職務了。

【註一】越雷氏為法國大社會主義宣傳家，於一九一一四年被刺。

【註二】越雷氏關于他的土地所有的敍述，主要的是限于法國的農民，那種農民私有制在英國是不像在大陸一樣普遍的，「可是」據密爾氏說，（見政治經濟學原理第二冊第六章第一節）「就是英國的傳統觀念，也是和大陸上的普遍意見相同的，」一而英國中世紀的農業的權威 *Thorold Roger* 氏並且說：「在那個時候，英國土地之一半是爲農民私有者所有的。」（見其英國工業與商業史第二冊第三四八頁）

第五章　地租與利息

第一節　地租

除掉售賣、施與、和遺傳——或者用法律的名詞來說，生前移轉或死後移傳——這三種方法以外，一個所有者還有一個處分其財產的方式，這就是因爲他不願意永遠地全部讓渡他的財產的時候採用的方式。

假設他有一塊田地，他因爲種種原故，很想把他保守起來：或者是因爲這是他要傳給子孫的家庭產業，或者是因爲他的祖先曾取名於此，或者是因爲這個地方可以幫助他當選爲議員的，可是他自己不必能夠開拓的，于是他就租借給一個農夫。這就叫做出佃，所謂出佃，就是他給予另一個人以一定時期內使用和享受這種財產的權利，而佃戶則須給他以一定量的生產物或同値的金錢。前一種方法叫做（*Metayage*）在歐洲的拉丁國家中很普遍，第二種方法叫做租田，兩種制度的起源都是很古的。

自然，一個資本所有者，不論有的是實物還是現金，也是一樣的情形。他或許因爲自己不能或者不願爲了他自己的需要立刻用掉他的資本，如是他就把牠借給要資本的人，——這種人一定是很多的——而他們和佃農一樣，也就要付與他以一定的金錢這種報酬就是利息。

所以很粗淺的看來，這種使用財產的方法，似乎對于所有關係的人都是完全有利益的。

第一、這個對于所有者很有利益。比如在土地的情形下，他自己也許不能充分利用土地的價值，或者因爲他不住在那個地方，或者是因爲他沒有必須的金錢或田莊上必須的專門知識。而且，這個土地的地主也許是一個有他種職務的已結婚的女人，也許是一個小孩，一個廢人，乃至于一個宗教的慈善的或科學的會社呢。

第二、這也有益于社會，因爲沒有牠，有許多土地就會荒廢的。

最後、這個有利于佃戶。因爲佃戶也許沒有錢，自己買不起這個財產，或者他自己有一點小資本，但是這點小資本不如留作開拓田地用，較之用以購買田莊好多了。

因此，這實在是我們的地方政府的職責來派分土地給予需要牠的農業勞動者，以獎勵耕作。農業勞動者或是接受分派田地的完全所有權，或是僅長期的租佃，二者之中可以自由選擇的。大多數的人都喜歡第二種，因爲他們自己很知道倘若他們只有很小的資本，比如說五〇〇鎊吧的時候，那末與其空享地主的虛名，而犧牲了這一點小資本，又無從田地可以獲收入的方法，到不如好好的保守起來，以作購買牲畜馬匹器具之用呢！

由此看來，佃戶制度對于不能取得財產完全所有權的人們是很有利益了。他們有了這種辦法之後，就可以用這些田產，因之對于全國都有益處的。

所以無論從那一方面來觀察，這種佃戶制度，對于兩造及社會都是有益無損的，同時，這種制度也很適合我們的正義觀念，因爲若是佃戶享受了他人的財產而絲毫無償，這自然也是不公平的，至少倘若我們完全承認財產的合法的時候。

而且也正是這種地租制度產生了最初形式的社會主義。因爲社會主義是從土地問題中產生的。土地問題在羅馬史上以及直到近代的一切其他民族中，都是佔非常重要的地位的。

這是因爲所有與耕作的分離，地主和農民的分開，把財產所常根據的基礎——即勞動移開了的原故。就是地主自己耕作無疑義的，也還有一部份產物穀物或收獲之一部，是不僅由于人類的勞動的。這若不是由于「自然」的共同工作的話，至少也是由于田地的不同的部份的不等的肥沃的。這一部份便是經濟學家所稱爲地租的東西。「這也叫作經濟的地租與佃戶所付的實際地租區別」這些東西，百餘年來成爲辯論和討論的不休的論題。可是雖然這個地租或者不勞而獲的收產，若加以科學的分析是可以看見的，但是倘若地主同時又是耕作者的時候，則很難與勞力的產物分別清楚了。可是田地一經出租之後，他立刻又成爲昭然的顯明的事實了，同時，耕士而不能得生產物的人，與不勞動而得生產物的人之間，就發現了階級的分化。這種階級的分化，不僅是一種經濟的，而且也具政治上的意義。所有者階級成爲統治的立法，教育的階級，因爲地租使得他們有閑暇的原故，然而另一階級呢，則因爲不得不從事于日常勞動的原故，還是貧窮，無識，依賴。

可是這些不幸的結果，幷沒有在一切國家中立刻都發現的。在實際上有無限制的自由田地的數量的國家中，如像在美洲這樣的新國家或殖民地中，佃戶制度還是有我剛才敍述過的各種利點的。可是久而久之，或者因爲征服或其他的歷史的原因的原故，漸漸沒有可耕之地剩下了，完全都爲地主佔有了。在這種情形之下，土地的所有權就成了一種獨占。有土地的人可以任意製定價格，而農業的人口因爲沒有得到他們的許可是不准與土地接觸的，也只得吞聲的照付了。地租漸漸的增高，甚至于可以高到幾乎土地的全部生產物以及佃戶的勞動都可以爲地主所扣除作爲地租的。其剩下來可以够耕種者支持生活用的就無幾了。

現在我們只要看看最著名的例子愛爾蘭的情形，克能威爾時代征服的結果，愛爾蘭的大地主佔有全部的土地，所以愛爾蘭人自己除掉在極端的致毀滅的地租下以外，不能得到田莊。這種情形自然是直到現在還不曾解決的極嚴重的愛爾蘭問題的原因。土地問題的本身雖因佃戶對于田地之購買而且政府經費的幫助最後算是解決，可是已蒙的損害則是不可挽回的了。

土地問題在所謂德模克拉西的國家中現在已經沒有以前那樣嚴重了。因爲正式的說來，現在已沒有從前一樣的土地的獨占的情形了。大多數的國家中，現今人口的增加沒有以前幾個時期中那樣迅速，而且從鄉村區域移到城市從歐洲移到美洲及諸殖民地的移民數也很不少，因此可耕種的田地大概也還够用，卽令不够每人的用，至少是夠需要土地的人的用了。在這些情形之下，地主想把他的田地召佃，無論事實上法律上，都不享受獨占的權利，所以就不能要挾佃農——有時到反是佃農要挾他們。這樣說來，佃戶制度實在還沒有普遍的達到「掠奪」的地步。

可是在東歐各國情形却是兩樣的（直到最近爲止）那裏還有大地產土地，也還是一種獨占，因此佃戶多少也總是被掠奪的。所以在過去幾年以前，這些國家都通過一些法律明白表示以充分利用土地，及限制地主可以領有的田地的數量，以謀廢除地主獨占制爲目的。在這個限度以外的田地，一律有報償的歸公，然後再分發與沒有田地的農民，或者是買或者是租。

「田地出租」的悲慘的歷史，就可以這樣的告終了。可是這並不是「田地財產」的歷史，那還是另外一件不同的東西呢。

第二節　資本之借貸

我們現在到了把財產分給別人處分之第二種方法了。這個不是應用于土地而是應用于貨幣的，這種行爲，特别名之爲「借貸」同樣，驟視之，金錢之借貸由這種處置金錢的方法，也似乎對於相關係的人都是有利無損的。

有許多人他有資本，可是因爲種種原因，他自己不能成爲企業家或商業家以利用這些資本。這樣除了他把資本借給能够利用牠的人以外，他對于自己的利益乃至于大家的利益還有什麽更好的方法可以實現呢？在另一方面，對于一個自己没有錢或者没有儲蓄成爲資本的時間的人，——因爲用儲蓄的方法以聚積成大資本，要一個人畢生的時間甚至于幾生的時間——倘若有資本早在預備着他可以立時使用，而他又只要付與借貸資本的人每年以他可以生出的「利息，」這難道不是一種最便宜的事情呢？

簡而言之，借貸就是一種把資本交給沒有資本的人去處置的方法而自己則得一種酬報，這種酬報通常是小于債務者倘若是他自己去產生他所需要的資本的時候，將蒙受的犧牲的總數的。

因此，驟視之，無論就正義的觀點或是就兩造所可以得到的利點的觀點上看來這種借貸制度是無可反對的了。然而此地甚至于較前種情形還要更明顯地，我們將要看見到一種本身很簡單而且無害的制度，怎樣的漸漸在社會中產生出不可思議的混亂來。

從正義的觀點上而不從效用的觀點上來看，對于貸款的利息之付與似乎是完全正當的除掉像一些慈善團體所作的爲一種慈善的行爲以外，放債而毫不取報償，這個似乎是一種反常的思想。這種行爲是如此的正常而合理，那末，我們甚至于覺得很奇怪，什麼牠會發生問題的。可是事實上許多年代以來，却常常是被人疑懷的。據他們說「借貸金錢」與「租借土地」不是同一的事實，二者之間有下述的三種主要的異點。

第一，田地產生穀物。因爲有這些穀物，佃戶就會富有起來，因此他租了這塊田地，自然應當歸還一部份給予所有者，或以實物或以金錢。而且田地的產物，是可以看見的，然而一袋錢或一捲鈔票會產生果實，這個却不能立刻看見的。一隻母牛產生牛奶和小牛，一隻母雞會生雞蛋，然而一袋金錢呢，則否！可是「利息」這個字的希拉字都是「產生子息」的意思，這就是爲什麼希拉大哲學家亞里士多德辯護「金錢不生育」的原因。

若是金錢在一隻保險箱內保存着的時候，那麼亞里士多德是對的。自然，到了年尾，這一袋金錢是不會變多一毫一釐的，可是倘若金錢由交易變成了某種資本的生產的形式的時候，情形就不同了。例如說，你儘可以用你的錢買一隻母牛，而這隻母牛，就是產生子息的。

第二，田地產生收獲，不僅是可以看見的，而且也是可以計量的，當一個地主租田的時候，他自己和佃戶對于這個田地會產生什麼，有一個大致的概念，——多少石五穀多少袋蕃薯多少籮果子。他們旣知道田地的產品，因此多少他們纔可以確定的說出，歸與地主的部份是公平呢，還是太過了呢？尤其是以實物歸付的時候爲然。

然而借貸若是金錢的話；我們實在沒有可以決定利率究竟應是怎樣的法則——所謂利率，就是說，每年債務者應當付與債主的利息的數目與資本的比例。他要付資本之二十分之一，或百分之五呢？或者還是二十五分之一，或者百分之四呢？再或者還是三十三分之一，或者百分之三呢？這個誰又知道呢？

這個金錢也許投在遠隔其所有者的地方的生產事業上，甚至于就在世界的另一盡頭，牠也許會常常變更牠的用法的，然則又怎樣去決定利率呢？很簡單地，就是供給和需求的法則。那就是說，利率只要是那處地方缺少金錢或要錢的人很多的時候，就可以不受限制的增高的。這種情形在各地多少總是一般的。

在這些情形之下，利率可以達到可怪的高度。在古代通常利息是——譬如說金錢稀少的羅馬——每月百分之一，或每年百分之十二。現在亞爾吉利亞借款與土人，以及在普遍的各新興國家中也是一樣的。在波蘭及巴爾幹中，債務者甚至于每天要付百分之一，或每年百分之三百六十五。這種利率，自然不過是短期借款而已。

這就是為什麼利息被汚以「剝重利」的名詞的原因。其原來的意義，本來是沒有「重利」(Usury)這個字的意義的。其源是由于拉丁字 Usura 而來，這個字不過「用一件物品」的意思而已。這個字通用的改變，牠的字源的發展，與牠所代表的制度的發展是完全平行的。——就是由「應用」到「掠奪」──立法者之所以要干與定一個最高利率以防重利，也就是因爲這種原因。正如前面述過的大戰時立法者定一種貨品的最高價格一般。可是這種法定的利率，却是沒有科學的基礎的。

土地或房屋之出租與金錢之借貸的第三種而最特殊的異點，就是土地或房屋一經出租了，牠就存留在佃戶的手裏。倘若租約滿期，對於佃戶最大的事體，也不過是被逐或解約罷了。很顯明地，他毫無困難可以交歸他所借的財產，因爲那個財產還是完全在着呢。地主再收回起來，于是也就完事了。可是在所借的金錢的情形下，就很不同了。一袋金錢或一卷鈔票，並不是留存在債務者的手中的。世界上沒有借了錢來而不用牠的瘋子。一個人借了錢來也許他不生產的消耗了，像一個世俗所謂敗家子一般的揮霍了，或者像政府一樣比較他大規模的用去了，再或者他用在辦一種有利的商業經營上了。可是無論怎樣，這個錢總是要花掉的，所以當核算的時候，所借來的金錢不會有一個還留在債務者的手中的。因此，若是他已有了和他所借的金錢一樣多錢的時候，他才可以歸還這筆借款。但是這并不是很容易的，而且也不是常常已實行了的。

若是債務者不曾賺到他所借來的一樣多的錢的時候，那末，他就成了所謂倒債者。倘若他是從事于經營的人，他就破產，若是他不負擔商業上的不名譽的時候，至少他失掉了一切信用和地位。這個與從前有一個時期中一個倒債者所遭的命運比較起來，實在是很小的了。一個不能在指定的日期付還的債務者的悲劇，實在是很可驚的，而各國的歷史上都充滿着這類的事情。沙士比亞在威尼斯商人內曾描寫這種情形。夏洛克要威尼斯商人一片肉，若是他在約定歸還的時候沒有錢的時候。這種殘忍的計謀，決不僅是詩人的想像中的一種虛構。在摩西法典以後的一切的法典中之最著名的十二銅表法律中，〔于紀元前四五〇年立于羅馬〕有一條法律規定倘若債務者不能于指定歸還之日歸付時，則把他砍成肉片，有債主若干就砍成若干肉片，有許多法律家相信這種法律并不曾實行，可是即令債務者沒有被砍成肉片，無論如何他是降成爲奴的，這是一種普遍的規律。在古代一切國家中，債務者被沒爲奴強迫替債主工作，直到債權消滅爲止。在羅馬的貴族的房屋底下有一層叫 *Ergastula*，或者囚獄內面充滿着倒債的人，他們替主人工作，直到他們能够還清他們的債務的時候爲止，——然而這是一個他們永不曾達到的時候呵！

就是在這個時候以後，這些習俗都廢除了，一個倒債者的生活也仍然還是很苦的呢。凡讀過迭更斯的作品，大概都能記得 *Little Dorrit* 的故事吧。——一個可憐的人，在一個囚繫債務者的牢獄裏度過了他的生命的三十年，這些債務者直到他們能夠償還他們的債務爲止，是被禁閉着的。可是通常決不是在這個牢獄裏，債務者可以找到賺錢的方法的，所以大部分的人都永遠閉在那裏。因債務而繫獄，這個還只有英國在一八六九年的時候才廢除了呢。

倘若我們想到在各地因不能還債而忍受那些我剛才已經很不完全的敍述過的種種痛苦的情形的時候，那末，我們便很容易懂得這在各時代中的反對這個整個的制度的激烈的呼聲了。而且這也幷不限于債務者對債權者的攻擊。世界上最偉大的人物也對「重利」表示抗議。像摩西這樣的立法者，他對于以色列人說：「對于一個陌生的人，你可以剝取重利，可是對于你的兄弟們則不可。」又大思想家如亞里士多德他的不朽的名言，我們已經引證過了。又嚴酷的羅馬人如老加托他對于「什麼是重利」的答覆就是「什麼是殺人呢？」後來天主教堂的神父和教士大會的決議都表現這種思想。

幸而這個問題，和地租問題一樣，已沒有從前的那般嚴重了。在過去的世紀中，充滿着牠的狂瀾，可是現在已平靜下來了。一八四九年——七十餘年以前——巴士的氏寫過：「除了宗教的問題以外，人類實在不能用其心思于比利息合法與否的問題還更嚴重的問題了。」這是對的。然而現在呢，這個問題引起公共意見甚至還不及宗教問題哩。現在我們已聽不到對于放債取利息的咒詛之聲，而且反過來，我們反過着對于借貸的勸告了。我們的牆壁上都漸漸貼滿着勸人借款與政府的傳單，牠們要求我們把錢拿去當作一種愛國的職務而且還出了百分之五至六的利率，并且還可希望借款價值的增高，也不僅限于政府公債才勸人應募的，就是有些合作社也借款的，雖然他們的目的在利潤之廢除上。

然則金錢借貸上究竟發生了什麼變化呢？像前面單簡敍述過的，金錢借貸的歷史是一種很長的苦痛的傳記，那末利息又是怎樣地成爲現今的一種公認的制度呢？

有二種原因可以解釋這個變動——一個理論的和一個實際的：

理論的原因是如此的；卽是社會主義者最後他們也不能不承認借貸是個人所有權的一種必然的附產物。因此只要個人所有權存在，金錢可以無報酬的借貸便是一種錯誤的想像。所以這個問題已不是利息合法與否的問題，而是資本的私人所有權之合法與否的問題。爭論的基點已經移動了。倘若利息問題已經消滅了，資本與所有權問題仍然存在的，這個後面還要見到的。

可是這種變動也有一個實際的原因：就是債務者和債權者的地位倒轉來了的原故。在過去的歷史上，債權者或放債者總是較強的人們，而債務者或借債者則是弱者。債權者是有錢又有勢的貴族，而債務者則是貧困而可憐的無產階級。然而現今却不然了，現在最大的債務者或借債者第一是政府，次之就是大銀行及大實業公司。而放債者呢？就是你和我，常常總是極不重要的人。他們儲蓄了一點錢，于是就送到報上見到的那些實業上面去。為什麼今日還要去改善債務者的境遇呢？豈不是要我們不要利錢放債給英倫銀行……嗎？

倘若在大戰時，國家要我們不受利息的應募公債，因為許多人都在犧牲他的熱血和生命，這個是公平的，雖然對于這種求助的嘗試并不是妥當的辦法。可是要求毫無報酬的借貸與鐵路公司採礦公司製造公司，不過使他們得以分得更大的紅利，抬高他們在證劵交易所上的股份的價格，這個都是十二分的可笑的。

這就是在歷史上的過程中，經濟問題的變動的方式的一個很顯著的例子。

第三節　房租

由上看來，土地問題和利息問題二者，現在都已失掉了他的嚴重的性質了。可是有一個第三種問題，與前二者有密切關係，然而却日趨嚴重，這就是房租問題。

這是一個不常存在而是現今發生的帶有可驚的嚴重性的一個奇異的問題。因爲大城市中心點的發生的結果，房屋成爲一種獨占了，恰正在資本停止爲獨占的時候。因此，房屋的租價或地租，就像以前的資本一樣成爲一種重利。乃至于達到發生「這種重利是否應如利息一樣用法律限制」這樣的問題的地步。

可是這種方法實在像限制重利的法律一樣的沒有效力。反過來，反足以增加其害處。因爲這樣足以阻止出租的住屋之建築。而沒有房屋的人，就在一種不得不自己建築的難堪的必要下。這個甚至于是比高地租還要重的一種負擔。〔註一〕

我們以爲只有兩種解決方法一種是人口之減少，至少是在城市人口中應如此的。在這樣的情形下，供給和需要的法則，會實現起來，因此地租也就會降落的。還有一種就是與以前所用的方法完全不同的建築方法的發明。這樣房屋可以整批的製造，像脚踏車和錶一般。

然而不論怎樣，在將來我們計算我們的總支出與地租的平常比例，總似乎不能還像現在的七分之一了，大概會是四分之一或者三分之一吧。

第四節　獨立階級

我們剛才所考究的地租和利息制度，有一個特殊重要的結果，這就是一種可以靠他們的田地的地租或資本的利息而生活，不必自己去工作——叫做獨立的階級——的一階級的人的發生。由獨立到怠惰，由怠惰到寄生，這種傾向是很容易的，于是社會主義立刻便攻擊這種私有權的產物了。而且視為私有權的一種罪案。

所謂獨立的人可以這樣的辯護說：在每一個社會中，閒暇階級總是不可少的。一定要有些人不必孜孜于每天的麵包然後才可以專攻于非利得的高尚的研究與工作，如藝術科學之研究，哲學的探討，慈善的實施，以及政府的高等職能，這些職能直到最近爲止，都是無報酬的實行了的。

這個我們可以自己問問自己，假若沒有這一種有閑暇的特權的人存在的話，試問在世界上是否還有希拉羅馬的文化，——現代的國家沒有一個不歸源于牠的——或者像英國這樣的貴族政體以及她所建設的大帝國出現呢？

自然，這不是說一切的偉人都是，或者乃至于說主要的是從這獨立的階級中產生出來的，卽令這個語句用在最廣義，包括一切上層及中等階級在內。但是不論如何，這實在是在這樣的社會環境之下只有他們才常常遇到他們的贊助者，附從者和讀者的。

倘若是這樣的情形的話，那末這是因爲教育與閑暇是少數人的特權的原故。可是一到這些利益漸漸推廣和普遍的分配的時候，這種獨立階級的人的社會功用就縮少起來，漸漸變爲「寄生」了，在這個時候。便是牠應當消滅的時候了。

過去幾年中，各國政府發行了不知多少萬萬的證劵。很明顯地，在戰後的社會中，一定有不少的人得了不勞動的收入，然而同時我們却不會見着有許多靠他生活的人呢。

〔註〕這個對于地租的暫時的立法限制的原則，最近英國已經採用了。同時政府又獎勵建築新房。因爲這是很需要的。可是雖然這些方法對于由大戰而發生的暫時的嚴重狀態不無救濟之功，然而這個問題的永久的因子，還是存留着的。

第六章　工資與利潤

我已經知道了一個人使用他的財富，有三種不同的方法：他可以爲滿足他自己的需要而用掉牠，這就叫作消費牠；他可以用施與出賣或遺傳而轉讓與他人，或者他只給予暫時的使用，把牠出租或借貸；最後，還有一種使用的方法，這種方法在其影響上是所有的方法中之最重要的，然而夠奇異的，牠在經濟學上却沒有特別的名詞。

這是一種利用財富的方法。用牠以產生新財富，用牠以產生果實的方法：例如把一個人的小花園空地變成市場，或一個菓園，而不僅僅地在那裏領略玫瑰的花香或者在那裏午睡，又或例如用魯濱孫的船去捉魚每天帶回家來，而不把牠作一種航行之用，或者用牠找一個好機會以圖脫離這個荒島，再或如，倘若財富是一種金錢的時候，把牠投于某種生產事業上而不消費牠或浪費牠。

各種財富凡用于生產更多量的財富的時候，便叫做資本。而資本，大致的說來，生產更多量的財富必須勞動的協助才可能。

可是在有幾種情形中，資本可以單由自然的合作，就能產生財富。例如雞蛋，不把牠作成雞蛋糕，而把牠孵化起來，自然就會變成雞雛的。一桶白蘭地酒把牠藏在地窖下二十年，就會因爲時間的經過，成熟和變化爲一種稀少的酒類的。倘若我們只看其結果的效用或性質，那麼甚至于我們可以說「自然」在各種物品的生產上，其所佔的部份是極大的，但是若是我們只看其價値或其價格的話，「自然」在生產過程中的工作，比較勞動的起來，就望塵莫及了。

所以只要生產的能力是由于資本所有者的親自的勞動，像農民所耕作的田地一樣，或者像漁人所用的船隻一樣，那末就是社會主義者也很少會反對財富的這種用法的。然而當財富到了一定的容度而超過了個人勞動可以應用的限度的時候，所有者就不能不求助于別人的勞動了。假設花園太大了，一個人的工作還不夠的時候，于是所有者就得再找一個工人來幫助他，假設魯濱孫的船太大了，一個人駕駛不來，他就得找禮拜五來幫忙，一個撑舵一個下網。

一個個人，無論他怎樣的靈巧，要想用他自己的個人的勞動來使用任何一種財富到很狹的一定的限度以外，這是不可能的。倘若有人承認給我們之中的一個人以一百萬鎊，但是我們卻一定要用于生產，而且要完全靠我們自己的勞動，不能求助於旁人，這個我們是應當拒絕的，因爲這絕對是不可能的呵。不錯，我們可以花掉牠——可是就是這一點，也須要相當的訓練呢——然而我們却不能使牠產生更多的財富。于是資本的所有者就不得不找人來幫助他了。——他叫做一個工作者——自然，這人是不能無代價的工作的。他得接收土地的，或者漁業的產品之一部份以爲報酬，或者更合他的意，接受那一部份的用金錢計算的和預先付給的等值。這種報酬，不過是付與雇傭工作者的勞動的價格正和利息是付與資本之租貨的價格一般，牠叫作工資。接受這工資的人，叫做賃銀勞動者。所有主當他盡了這種『工資的支付者』的新功用的時候，就稱爲雇主。

第一節　傭工制

這種把資本用于雇傭勞動上的方法發生許多可驚的結果。實在，比已經敍述過的各種使用方法多得多。也正像他們一樣，這種方法似乎對于雙方都是很有利益的。他有益于資本所有者，因爲牠使資本的所有者能够利用財富，不然，他就只能把牠贈與，或出借讓牠到別人的手中去，而他自己完全不能管理。牠也有益于賃銀勞動者，因爲從他的每天或每週的工資他就得到一種固定的收入，而不必要自己創始去生産牠，沒有指導這個事業的麻煩，又沒有由于與事業成敗所受的焦慮。

然則爲什麼像這樣的一種在外表上是合法的，甚至于在起源上是友愛的使用資本的方法，還會產生社會主義階級鬥爭社會革命以及潘都拉的箱子（*Pandora's Box*）所裝的一切的惡魔呢？這是我們見到一種經濟制度變爲社會不安的源淵的第三次，雖然其本原是似乎很好的，我想這個一定有些薩但的（Satan'c）怪靈在作祟，像在亞丁的花園一樣，把這些制度變成了有毒的菓子，正如生長在智識的樹上的果子一般。

這個解釋是如此：就是因爲資本家與勞動者的契約，從來不是依互助的純樸的方式而實現的。

這就是實際所發生的情形。在個人私有財產制以前，例如在族長政治及前面我已經提及過的家庭工業制度的時代，工資制度是不存在的。這是不需要的，因爲族長都用他們自己的勞動使他們的田地或畜牧成爲生產的及繁生的——最初由于他的妻子的勞動，妻子自然是最初的女士，倘若不是最初的賃銀勞動者的話，其次就是由于他的兒子的勞動，但是這種家庭經濟一經消滅，而爲個人所有權及分工制度所代的時候，財產所有者就不能不尋找可以替他工作的人。可是這不是容易的事情，因爲在當時的幼稚的社會中，一切需求土地的人都有地可用，資本也還沒有多大的價值，而且工人都可以用自己的手作成魚網，弓矢，或甚至于木犂，這個可以使他自己爲自己而生產。在這種情形之下，自然沒有誰願意去替別人做事了。

我們也不必回到人類社會的開創的時候去。在一切的新國家中，必須的勞動的取得對于殖民者實在是一個很麻煩的困難。現在舉例說在突尼斯還是如此的。

因爲遇着了求獲勞動的困難，于是原始時代的所有者就發明了奴隸制度。他們由征服得到了耕地所必需的勞動，這實在是人類的歷史上很重要的事情。因爲同一的原因在殖民地也發生了同一的事體。當美國的地主要開發他們的田產的時候，他們跑到非洲去找奴隸。那是奴隸制度的第二種形態。黑奴就是在殖民地的黑奴廢除了以後，在許多地方都代以雇傭苦力，那就是黃種奴隸。

現在，我們丟開在殖民地制度中的奴隸制度的復活，再回復到古代奴隸制度與羅馬帝國的崩壞同時瓦解的時代去吧。在鄉區中工人還不能自由，因爲他還在農奴制度的束縛下，而這種農奴制不過是奴隸制度的較輕的形式而已。可是在城市中他們却享受一個短時間的比較的愉快。這是勞動的歷史上的光明的一段，然而我們却常常叫牠是中世紀的黑暗時代。這是手工業者的時期。他們有自己職業的工具，他們既不需要雇傭工人，也不要自己成爲一個賃銀勞動者。

可是這個時期幷不很長：——或者五六百年吧——因爲一方面從解放的或脫逃的農奴中在城市中產生了一種新興的無產階級，同時他方面因爲生產必需的資本增到這樣的比例，以致于對于還不曾積有財產的人成爲妄想了。因此資本的所有幾分成爲獨占了，有資本的人就處於一種可以要挾他們的條件的地位。的確，一個無產階級——除了自己的體力以外沒有財富的人們——既沒有土地又沒有資本生產的兩要素，倘若他要工作的時候，又有什麽辦法呢？現今一個人找不到工作，有什麽辦法嗎？就是他去打漁，也要一根細桿，那就是資本的一個初步形式。他去拾櫻草出賣嗎？在車站上背行李嗎？或者在劇院的門口替人家開車門嗎？那是乞食而不是工作咧。所以只有資本家才是可以給與工作的人。

我們注意「給工作」這字是怎樣的奇異呵。這是從無數的乞丐的口中所發出來的，我們可以常常聽到的一句成語。他們說：「我不要布施，給工作我吧！」因此雖然人類不僅是能工作的，而且是非工作不可的，然而他們却似乎是專靠別人的允許呢。只有他能夠找到一個資本家願意供給他以必需的生活品的時候，他才有工作。不然他就成爲失業者中的一個。

當企業還限于在合理的限度以內，無產者也可以希望自己成爲一個資本家和雇主的時候，這種情形還不忍受了的。這就是中世紀的情形。當時差不多一切勞動者最初都是作徒弟，繼而爲二師父，最後乃至于大師父。階級的界限還不像近代階級界限那麼嚴，一個人常常可以升到較高的階級的。這就是爲什麼千百年來人們不曾爲「給工作」這個侮辱的名詞所激怒——甚至于工人自己也是如此——的原因，大家都承認這是表現一種眞理。給工作的人就是「主人，」這個名詞現在還在鄉區中習俗地應用着，然而幷未發生惡感。主人是一種施主，因爲有了他，才使工作和謀生成爲可能呢。這就是富人所可以給與貧人的幫助的最高形式，以及道德家及經濟學家所主張的方法。牠是遠過於一「慈善」的。

實在是如此，然而却又到了一個由羣衆的心裏發出一種懷疑的悲觀的時刻了。其所取的方式是這樣的：使我們生存的，難道眞是資本家嗎？反過來，難道不是我們使他生活嗎？在那種情形下，他難道不是一種掠奪者而是施恩者嗎？這種觀念深入羣衆的心裏的時候，也正是社會主義產生的時刻吪！

實在，倘若資本家能說他們給工作與勞動者的話，勞動者難道不能說他們以他們的勞動的產物給與資本家，他們自己反只得了其中的一部，或者還是最小的一部工資呢？固然，給與賃銀勞動者的金錢，是由已經存在着的資本中預先付給的，但是這不過是在最終的產物之先而已。他得到他的工資，可是他對于他的勞動的未來產物的權利，就不得不完全放棄了。這種制度，自然對于他是有益的，因爲他得了現金，他是不能等待的。可是這種預先支付的辦法，很顯明地使他對於他究竟應當得多少，處于一種茫然的狀態，他不知道生產物的價値將怎樣的，特別是在個人勞動的成分很難分析的集合勞動所生產的物品爲然。實際上誰知道工資雇傭勞動的價格，是沒有因契約而解決了的。他是一種固定的價格，要就幹，不要就走，正像一個大商店的貨品的價格一般，但是有一個異點。就是在商店的顧客，若是價格太高了的話，他可以不買，然而勞動者就是覺得價格太底了的時候，也不常常是可以由自己不賣的。只有在工會新興之後，工資成爲一種雙方的合同，才成爲可能的。

這就是爲什麼在歷史的過程中，工資降到一個不可置信的最低的限度的原因。在這種限度以下，工人就不能夠活下去，因之人類的物質力，體力的本身就會消滅。這種情形直到大戰爲止，在工人不能實行契約的地方，特別在女工在自己的屋內工作的工業中還是有的。

幸而這種情形現在已經改變了。這不僅是因爲工會的行動和罷工對于工資律有很大的影響的原故，此外還有一個原因，就是人們都能認識在大工業國家中，從工資很壞的工人中是得不到大量產物的。同時，總產量中的歸于勞動的部份工資的增加，是不致于減少雇主所得的部份利潤的，反過來他却可以從出產物的量的增加中得回來呢。

第二節　利潤

倘若解釋工資是一件容易的事情的話，那末解釋利潤就稍微麻煩了。究竟什麼是利潤呢？最小的雜貨商可以告訴你說，那就是賣價高于成本的差額。然而，雖然牠的意義就像這樣明顯簡單但是利潤的正確定義却是經濟學中最難的問題之一的。因爲要證明利潤的合理，經濟學家說這同時就是經營的報酬，用于這事業上的資本的利息，和防損失的一種保險費。可是我們却可以說這三種之中沒有一種組成利潤的，因為在一種正式的簿記制度下，這三種都是在成本費之中的。一切股份公司就是這樣的情形。計算在支出之中的有：（一）經理的薪金，（二）債券與優先股份的利息，（三）預防虧本的準備金。因此普通股票的紅利，直到這些支出都已付清了的時候，是不分的，這就是一種完全獨立于剛才所列的各項因素以外的純粹的利潤，倘若是沒有紅利可分的時候，那末我就很正確的說，這個事業是虧本了的，那年就是一個不幸的年頭。

利潤既不包含這三種因子，那麼，又是怎樣解釋的呢？經理的所得，利息和損失保險費嗎？他們究竟是什麼地方發生的呢？

關于這個，有各種不同的解釋：社會主義者說，利潤就是雇主沒有給與工人或賃銀勞動者公平的工資，而從他們的勞動中所掠取的一種扣除。合作主義者說，利潤是由消費者所付的生產品的不公平價格中而抽取的。還有些人，對于雇主比較寬恕說，利潤是使幸運的機會的結果。這種幸運的機會可以使生產者製造或商人出賣生品的時候，可以比他的競爭者處于優的地位。因此他就佔了正利一個有特別肥沃的田地，或者有地位比其餘都好的房屋的人所佔的一樣的便宜。照這種理論，一切利潤都是一種意外的財物，從街上的賣報者由某處發生的不好的意外事變所得的利益，到一個採礦公司由新礦層或新礦脈的發現所得的橫財，都是一樣的。沙士比亞說：

『在人事上有一種潮流，

迎合了這潮流便可以到幸運上去。』

實在，沒有一個經濟學家曾下過比這個還好的利潤的定義。不過我們還得知道怎樣去在大水之中利用這種激流，然而這却是一種才能，不是每人都有的。

不論我們贊成這三種解釋中之那一種，不過在三種之中沒有一種把利潤或紅利看作勞力的產物的，這個却是很明顯的事實，他們是一種不勞而獲的收獲。這幷不是說，他們都必須看做盜竊才對的。利用好機會實在不是作賊，倘若一切的好順運或者乃至于逆運，都從世界上消滅的時候，那末生活一定會成爲一種愚笨的和枯燥的事情了。

可是倘若我們承認機會在生活中所佔的地位，然而這個機會却應當每人都是一樣的。倘若人們沒有要求平等的享有的權利，他們是有要求平等機會的權利的。每一個人由勞動，儲蓄，智識，和創造都應當應有達到頂點的機會，例如在政治上一般。至少每人一生應當有一次機會，這是美國每一個人所要求的權利。有一次我在一本美國書中讀到關于一個豎在紐約公園的新培植的草場上的一塊告版的故事，告版上的字是：「給與靑草一個機會吧！」自然，這句話是叫人不要在上面走的意思。

這是很奇怪的，大家的意見似乎很難容受財富的不平等，縱令牠是由于一個人的父親的遺產，或者是由事業上所得的財產，像這類正當的原由所發生的，然而對于一個中了彩票的頭彩的人，却沒有什麼。當在報紙上宣佈某人中的頭彩——例如最近西班牙有一次彩票是二五〇〇〇〇〇——的時候，沒有人會提出抗議的。因爲大家都是這樣的想：「我自己也可以中的。」這就合于公意對于正意的簡單概念——就是平等——了。

這就正是困難發生的地方了。因爲機會不是人人平等的，世界并不全像那彩票競賽場。能夠安全地賭博而知道誰會贏的人，只有富人，至少也是能够讀財政報告，在政治界上生活着和常常來往于議院的客廳，以及與金銀市場和銀行接近的人們。你所看見在證劵交易所的時價增高的股票，事實上并不是彩票。因爲這個只有狡猾的和機巧的人才得着的。我們試看看幾個月來價格抬高二倍的三倍的一些煤油股票的情形，就可以知道。但是那些只有一點資本的人，難道能够及時知道的嗎？就是他有了必須的消息，可是他也不敢冒這種險的，因爲要冒這種險，非得開始就有充足的金錢不可。

但是我們還得繼續我們的敍述，因爲商業組織和工資制度是還在發展的。他們已超過小私人商業和中世紀的集合家庭制度的時期很遠了。現在的資本家要利用他的大地產或大資本，不能不藉助于千萬的工人。每天我們都可以看見鉅大的事業的產生，集合成千成萬的人們。在巴黎雷拉勒托汽車公司，有工人一五○○○人，不久以前在克維布工廠有一○○，○○○人，巴黎里昂地中海鐵道公司共雇用了一七○，○○○工人。

然而企業幷不止于此，他還要向前推進。現在一種企業已不是一個單一的組織了，而是一些事業的連合，而這些又聯合成爲叫托拉斯或聯盟公司的更大的組織，這些就是眞實的產業軍，在一些與經理的專門部份無關的領袖的領導之下，由一些軍團組成的。這些經理的專門的事務，是他們的附屬機關所作的事情，他們只注意于事業的財政指導方面。他們是大執政部的部長或主席。同一個人同時常常主席一打或一打以上的會議，包括全國的某一種工業的全部。這就是美國人所稱爲工業之王的那些巨頭的起源：煤油大王，鋼鐵大王，鐵路大王，像聖經（Gospel）中 的武官所說的：「我也是在政府下的一個人，在我之下的有兵士。我對一個人說走吧，他就得走的，我對別一個人說來吧，他就得來。」一樣，現在的資本家指揮千千萬萬的人們，他說去就去，來就來。

這是很容易知道的，集聚在這些人的手裏無數的利潤，正好像集無數的水點可成大川一樣，若是他們聚合在一個河槽的時候。他們產生那些直到很近以前不曾聽見過的財富，——用百萬的收入或用百萬資本的賬項來計算的財富，至少在美國是如此的。——自然，縱令可以延長幾世的生命，這種財產是絕不能由個人的勞動或儲畜產生的，這種工業的巨物是資本主義時期的代表的產物，正和在地球歷史上的最初期的那些奇怪的古生動物，由溫暖的泥土產生的一樣。

然而他們決不是妖怪，甚至于還不是普通我們所謂獨占者，而不過是財富的積聚者而已，——在其眞正的科學的意義——因爲他們僅僅是爲了要分配才把牠集中起來的。這些大財產的所有主都是些行分配者。他們可以比作收水而又再放水的公共噴泉，或者還有一個更好的比喩，就是如山的高峯一般上面積聚了雪，但是牠幷不把雪就此貯藏起來，而流瀉到下面來，或者爲發電機用的「白炭」供給城市的光亮，或者灌漑田地，使牠產生收獲。

實在當財富達到了這樣的高度的時候，其所有者是不常把牠用于像沒有這樣富的人和暴發戶那樣的卑陋的目的上的。他們不大用其大資產于自己的享樂上，他們集衆萬萬財產決不是爲了他們自己，也不是爲了他們的兒子，因爲他們常常是不傳產給他們的。科內支說過，一個人死了之後還留下一些東西，這實在是一種恥辱。

這些大資本家既把他們的財產用于工業的用途，同時也用于慈善的科學的目的。像拉克費羅及科內支這樣的人，都用過不少的錢在建築圖書館實驗室，以及促進和平的組織上，如海牙的和平殿，——現在，很不幸的，却是空虛的呢。而且，在一種社會主義的或合作主義的制度下，這種財富的聚積者，是否可以取消也還是一個疑問。假若資本主義只是一種完全的寄生制度，那末在這個時候他就應早消滅了的。然而事實上還是存在着，因此無疑的，一定是因爲他盡了幾種一定的職能。這些職能決不是很小的，因爲包括產生現存的工業制度。而這種制度，雖然有各種弊端和種種濫用，可是他實在給與了世界以「便宜」和豐富了。這種利益，直到我們失掉了牠的時候，我們常常是不認識的！

最後我們應當記着，社會主義者——自然是指有訓練的——並沒有忽視．資本主義對于世界經濟制度的成績。他們知道第一沒有資本主義，社會主義就不會產生，因爲社會主義是資本主義的產物，馬克思是李加圖的智識的兒子。僅這一點，就應當使他們對于資本主義表示相當的感激。此外，他們也不是要打破資本家的巨大的建築物，他們所要求的只是把資本家驅逐出去，而自己建立近來。

這就是法國工團聯合會所發明的，和近年來所風行的「工業化的國家化」(Irdustrialized nationalization) 這句話的正確意義，托拉斯的一切最近代的工業的特點還是要保留着的，而且更要使他普遍化：如機械之應用標準化，完成集中，位置等等。可是在新的執行部中，資本主義的股東則應代以勞動者與消費者雙方的代表，消費者的需要，是由所論述的企業所供給的，他們的利益是不在于利潤之獲取，而在生產的最經濟的方法上。

第七章　競爭與合作

在現存的經濟組織之下，有幾個特徵，是我們所常見的。自利心是牠的出發點，利潤是牠的目的，同時，因爲繼承，利貸和佃租的結果，致使所有權與工作的分離，又因爲工貲制的緣故，乃有資本家與勞動者階級的對立。這些特徵，足使所謂社會正義與社會和平都無從實現。

然而這個世界，總是這樣的過去。而一班經濟學家，尤其是自由學派的經濟學家，竟自己證明現在的美滿因爲牠是一種自然律 *Laws of Nature* ；所支配，而且這種自然律可以保證公共的幸福的。

我們可以用幾條很簡略的話語，把這種有百五十年的歷史和數百部書籍的樂天理想寫出來：

一　人類是被自利心所管束的。牠可以驅使人們在各種經濟關係中去尋求最大的利益並且成爲人們活動的主要動機。

二　個人各自去追求利潤，決不致防害公共福利，而且適得其反，可以促進生產者去生產價錢買得價最高的貨品。就供給需要律上說，凡是價格最高的東西，卽是市塲上最需要的東西，也就是經濟上最有用的東西，更是人們最慾求的東西，這種理由是很顯明的。所以最迫切的慾求能够最先滿足，便是追求利潤的結果。

三　假設只有一個生產者或一個商人，就是說，假設是獨占事業，那麼自利心和個人利得的追求，必然使個人得到過分的利潤和防害消費者。但是這種危險在自由競爭的制度之下，可以減到最低的限度。因爲競爭而能自由的時候，生產者或商人很容易發現和他自己一樣熱望賣貨的人，並且減低價格，來打動主顧，結果，貨物的價格低落，利潤也必然的彼此壓迫而減低，一直到賣價低落到生產費的水平綫，於是所謂利潤，已是等於零了。這種情況，卽是貨品的價值被牠生產時耗費的勞動量和費用所決定，這也就是一班社會主義者和合作者費盡許多繁複而效率薄弱的制度所要實現之正義理想。

假設這件事是眞的，那麼我們要感謝競爭，因爲個人利益可以互相制限，物價可以減得很低直到水平綫，利潤減到最低限度，廉價與正義可以同時實現，並且「爲我」*Each for himself* 的觀念也可以一轉而爲「爲人人」*Each for all men*了。當然這種言論也有一部份眞理，我們可以在古典學派經濟學家的著述中，找到這種解論的玫瑰般的顏色。〔註〕這種社會，假設沒有自然律來支配牠的命運時，牠是不會繼續存在的，而上述的特徵，也不能經久不變；但是我們着實又看見一部份騙人的幻夢，這就是大部份的人們的不可遏抑的不平之鳴乃至釀成歐洲革命的怒潮，因此我們必須把現存經濟制度之下所應保留的部份和應剔除之部份分別清楚。

〔註〕例如Bastiat之經濟協調論 *Les Harmonies Economiques* 及 Molinari之經濟學中的自然律 *Les Lois Naturelles de l'Economie Politique* 及Yves Guyot之競爭與道德 *La Morale de La Concurrence* 這種樂觀的傾向，在法國經濟學界較之英國古典學派如 Adam Smith, Ricardo Senior 及 J. S. Mill 等還要顯明。

首先，我們不要急桀的去輕視自利心而加以自私的惡名，並且不要以為很容易用一種黨的力量來代替這種人類活動的原動力——自利心。因為這是人類的天性如此，卽是基督教也不咀咒牠。福音上說，「你要愛你的鄰人和愛你自己一樣。」我們與其說牠是自私，不如替牠加上一個好聽的名詞——「自助。」人類的努力與自利心是不可分離的，而自助的自利心却不可輕視。有一位德國諷刺派的詩人名叫 *Heine* 的，關於他的朋友說過一段很有趣的話。他說：「他們注意我，並且告訴我，他們可以招扶我、但是假設沒有一位好人在我的身邊，我早就因爲有他的招扶而餓死了。這位好人給我食物，這是我十二分的感激的，可惜我不能擁抱他，不過這也是絕對的不可能，因這位好人，便是我自己哩。」

我們可以想到，社會主義者並沒有把「社會利益」來代替「自利」的希望，他們的希望，不過是防止社會上大多數的利益爲少數人所犧牲。但是他們的觀察，認爲私有制度足以阻止個性的發展，所以他們主張廢除私有制度，也就是要求所有權的社會化。

不過自利不一定就是利潤的追求。也不能說，沒有利潤，一切行爲和動機通通便要停止。事實上，我們對於利潤所下的定義，並不是眞正勞動的報酬，却是乖巧的酬勞或是幸運的結果。所以如果我們認爲除掉獲得最高利益的引誘外，再沒有什麽可以成爲行爲的動機的時候，那麽未免把人類勞動看得太卑污了。

我們還有一點更大的錯誤，就是以爲追求利潤可以與公共利益並進，因爲供需律可以保證最大的利潤適應最需要的消費者。其實，最耗費的貨品，以及最大利潤的貨品，不見得就是社會最需要的。並且可以說，這些貨品，完全是滿足少數幸運的有分的人們奢望。供求律雖爲一班新近經濟學家所輕視，可是無法抵抗，正如自利心之不能消滅，不過牠已失其道德的價值和最後的效用了。

就利潤的行爲言，有許多很重要的根本的慾望，反到被追求利潤所阻止了。請舉一個實際的例子：目前最普通的需要就是房屋。無論在個人方面或在社會的觀點上着想，就是一個急切的需要。就個人言，做父親的人，尤其是兒子多的人，決沒有什麽事情比沒有房子住更難受的。再就社會方面說，許多的人擠擁在很小的地區內居住，以致永遠感受着一種傳染病的危險。在大戰前這問題就沒有解決，使現在更是漸漸重要了。大的家庭很難找到居住的地方。這種悲慘的禍害，即到促成革命的怒潮，也是應該。

自利主義和競爭對於這問題怎樣辦法呢？爲什麽這些工業主沒有建築充分的房屋，却生產奢華的貨品充斥市場呢？這種的原因，便是建築房屋的利潤，特別是廉價的房屋的利潤大小。所以無論在那一國，即在歐戰以前，建築房屋大都是國家或是慈善機關，或合作社所經營的。可是這種很小的效力，還是不能解決民衆需要的不滿足，到了現在，這件事更是不堪聞問了。

有許多例子是值得我們注意的。從前沿地中海的 *Cnniche* 地方，培植了許多橄欖樹，後來據報紙所載把牠拔出，改植玫瑰，含羞草，石竹之類，因花草的利潤，比較橄欖油爲大，可是大戰以後，橄欖油的價錢大漲起來，比花草的利潤，大那種變遷要算是倒霉了。後悔已是不及，橄欖絕不像花草容易長大起來哩。

現在還有許多有害的工業，完全是因爲追求利潤而繼續存在，然毫不顧及公衆的需要，如酒業和淫穢書籍之類，是否應當提及呢？經濟學家以及這些業務的主使者必然會告訴你！這種衆惡不是他們的；他們本身不是道德改良家，這種責任應歸之社會公衆，因爲只怪得他們要來買他們的貨品的緣故。當然，誰也不能否認消費者是要負一部份責任的，不過生產者爲追求利潤而引誘消費者却也是要承認的。正如沙丹（*Satan*）這一個誘惑者，他把蘋果獻給夏娃（*Eve*）又獻給亞當（*Adam*）試看爲着利潤便注意於廣告事業——巨大的商業在引誘和刺激消費者種種不應有慾望，並且花費百萬巨款，來作廣告的用途。「據說美國每年的廣告費達十萬萬元」國內國外的市場，差不多堆滿了不僅沒有用而且有害的貨品——這些貨品，把生產滿足人類根本慾望的實業浪費了。

我們日常的需要製造家和商人供給的。然而這種職務，他們還是在於營利的目的，商人要想快一點賺錢只有二種辦法，一是增加貨價二是用較差的材料去製造，因之他們墮入于奸詐欺騙之途了。

就競爭律而言，有許多經濟學家稱頌是「人類的護神，」正如法律家稱頌法律一樣。可是我們對于牠的涵義，應當切實了解，因爲牠有兩種不同意義的緣故。

自由競爭這句話的意義，便是勞工自由交易運輸自由各國的門戶開放之謂，照這個意義的競爭牠的利益着實不爲誇大。牠的確是消費者底利益的保護者同者當這自由競爭消滅的時候，如大戰時期，消費者便會感受很深的影響了。

但是競爭這個名詞，在普通的意義上說來，確是一種鬥爭，也就是經濟界中所謂「生存競爭」的意思。我們絕不希望這一種競爭，存留在我們的日常社會裏，我們更十二分的希望看着，和牠敵對的合作制度來代替牠。這種競爭制度之下，只看見有勢力的人和資本家蹂躪。卽算有時消費者也可以在競爭者爭鬥之下得到一點利益，可是這種利益是偶然的，而且是一時的。總之事實上，必然逃不脫兩個結局中之一個：

第一，競爭者疲於爭鬥了，終於相互調解，以致彼此聯合。這種聯合漸漸地普遍起來事實上他們會成爲商業上的通例，或是托辣司組合加特爾的方式，或是不採用這些顯明的名詞，却在一個城市中所有同業的商人——如肉業，餅業，雜貨業，醫生等等：——通通互相諒解以一律的價格出售。如果有商人價錢會得比人家的低廉，雖然他不曾和人家有成文的條例或約束，可是他是會被同業排斥。

第二，另一方面，競爭將繼續不止，沒有什麼合同，也沒有什麼客氣。這種競爭之下，必會使小商人減少而被大商人所吞沒，甚至某一個體竟變成大而肥，正如籠子裏面的大老鼠，把其餘的老鼠吃完了以後一樣的肥大。這種形式的競爭，正如法國俗語話說的：「各人爲自己，上帝爲全民；」又如美諺所云「各人爲自己，最後存留的是惡魔。」

這樣，可知在上述兩種情形中，自由競爭，都不會見了，而消費者所希望的保護也隨之而消滅，這都是顯然的事。這種現象漸漸地普遍起來。

有些人說：生產者的競爭可以使貨物生產得豐富，這也是不的確的。因爲生產常常被生產者間的協約而束縛了，甚至變成獨占的事業，以圖價格漲高，至少也可以使物價不致降低。

現在我們不必去設法排除自利心，我們要在人類社會中尋求一種潛勢力：這種潛勢力既可以不防害社會公共福利，又可以不致壓抑人類的本性。

事實上這種勢力已經存在，而且不是什麽新奇的東西，牠是常常存在的。我們可以說，牠的存在，在生物進化的過程中，比個體還要早，這就是合作 *Co-operation*，連帶 *Solibarity* 或互助現在我們要回到我們的起點來尋求人類的政治經濟和動物的政治經濟之間的共通點。在動物中我們可以發見許多經濟的原理，不過這都是個人的經濟原理罷了。但是我們又可以找到社會的經濟論存在於動物界中，如結合的形式。誰也知道在動物生活中有許多奇異的結合形態的實例，我不僅是說蜜蜂和螞蟻，此外還有許多別的東西，爲生物學家所研究者尤其是海中動物。

在這裏，有一件神秘的現象，就是我們所謂下等動物中反倒有顯著的結合，至於那些比較高一點的動物，尤其是與人相近似的，結合反而消滅了。雖然，動物自身是互相親近的，誰能知道在人類未發生以前，結合未曾存在於哺乳獸及其他獸類中呢？而且誰又知道牠們「動物」之所以消滅，不是因爲人類的存在呢？或許我們可以是這樣解釋：因爲近似我們人類，所以牠們成了我們殺戮爭鬥的目的，於是殺的殺了，有些降爲奴隸了，或是消滅了，如紅印第安人，或加拉開，或海狸之類，都快要消滅了。

無論如何，在這些動物的社會中，可以找到「人人爲公」的好例子，誰也不能像蜂房的一樣的做得好，不過，我們可以說這又未免太過分了。因爲營房固然是爲的蜜蜂但蜜蜂生存，除了營房以外再也沒有旁的理由似的。我們不需要人類這樣的蜂房，使人類完全爲此蜂而生存，反轉來我們必使社會成爲造就人類，養成強健和高尙的人類，——在經濟上及道德上，人類已是無疑的漸漸相倚賴，並不是表示個人力量單薄，他受自人家的多少，正和他給與人家的一樣，甚至還多一點。蜜蜂完全把一生犧牲在蜂房上，正因其如此，所以蜂房始終沒有進步，不過保留他的原形態了。

國家，城市，都是結合的形態。牠們是自然的結合，同時又是強壓的，因爲牠們只是因着共同居住這一件簡單的緣由，如動物一樣結合而來。但是人類還有別種的結合，是由他們自由選擇而且完全是自動自願的。這種團體是代表比個人利益還要重要的利益的機關同時，無疑的，他們常用同業利益或階級利益代替個人利益，如工業同盟工人組合等，但這種利益也有與公共利益衝突的可能。自然，此外還有些結合是不屬政治經濟範圍之內的，如關於科學藝術，宗教，慈善事業的團體以及種種不牟利的活動等是。這些活動，便是所謂非營利組織。現在放下這些不說，試看現在經濟組織下三種主要的結合形式，如——職工組合，合作社，互助社，我們只看見牠們的目的都是反對由毫無抑制的自利心發展後的一種或他種弊害，所以牠們成為社會利益的組織，如同國家一樣甚至牠的功效比國家還要大。

合作的組織有消費合作社信用合作社和建築合作社。種種的方式，他們的目的在取消重利，却不是利息，打破由獨占和倖運而得來的利潤，却不是監督工作的報酬，所以牠是消滅寄生階級，實現平價的理想。

職工組合的目的，在取消資本支配勞動，而以勞動作爲純粹生產工具；絲毫不能參與管理盈利分配的制度。

互助社的目的比較和緩；牠僅只是緩和現存經濟的殘酷，而以集合保險來救濟那些生於貧賤又沒有得到資本的可能的人。

社會意識的覺悟和健全的發展與個人利己心並進，而且漸漸佔着優勢，這要算是歷史上的一個好現象。我們可以看到不僅是政府可以喝住個人利益侵害到公共利益的事情，就是個人的努力，也可以謀社會公衆的福利。

說明這些組織的性質與職責，不是政治經濟的範圍而是社會經濟的範圍。因爲社會經濟的目的，是在反對自然律的種種弊病的。並且那又是另一部份的事情，所以我們在此結束了。

季特經濟學綱要

Charles Gide 著
侯哲葊 譯

二十年十月
第一版

全一冊
定價大洋六角
郵費大洋七分

出版兼發行者
太平洋書店
地址 上海白克路北河路十六號
電話 九三七三五號

代印者
太平洋印刷公司
地址 上海白克路鑒壽里八一九
電話 九三七三五號

代售處

各埠 中華書局
南京 南京書店
北平 佩文齋書莊
武昌 太平洋書店
長沙 亞光書局
各埠 各大書坊